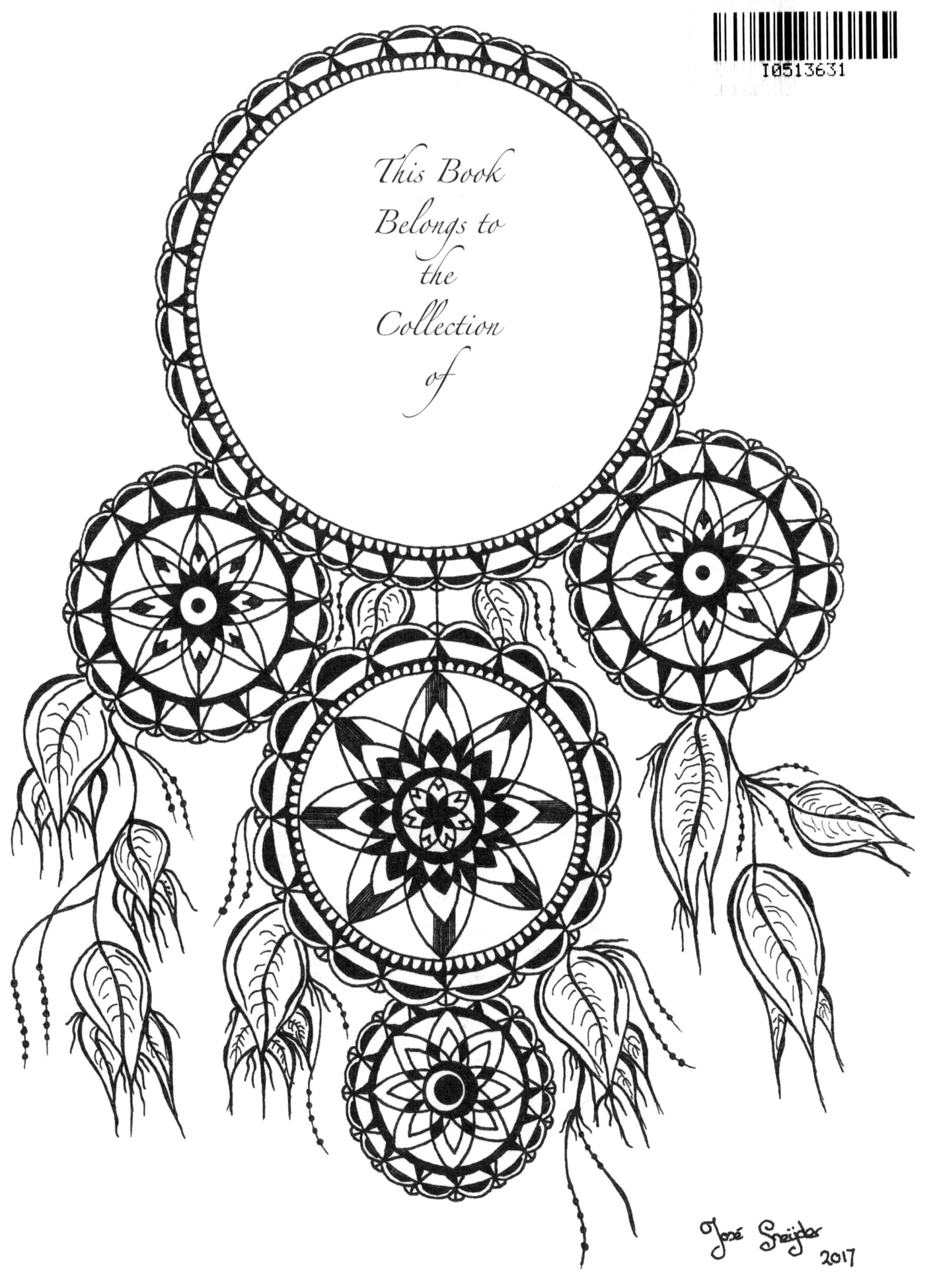

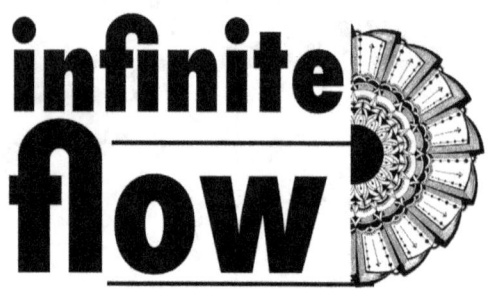

Share your colored versions with us ! We love seeing your results and hearing from you we are social !

The Official FB book page, stay on top of what we have in the works !
www.facebook.com/Art-by-José-Sneijder
Follow the Instagram
www.instagram.com/josesneijder

Copyright © 2018 Infinite Flow
All rights are reserved by Infinite Flow.
Duplication of pages for personal use are allowed. You are invited to color the pages then scan/post your coloured versions to social networks, mentioning the book title and author/artist (Infinite Flow). All artwork and images are protected by copyright laws. This book or any portion thereof may not, otherwise, be reproduced and/or distributed or transmitted without the express written permission of the artist/publisher of Infinite Flow.
Infinite Flow wish you a colortastic time and look forward to seeing your
wonderful color results online !

Hi, I would like to introduce myself: my name is José.

I have a husband, two children (both boys) and three grandchildren (two boys and a girl).

I started drawing two years ago and that was the first time ever.
Drawing for adults was booming around the whole wide world.
At first I drew mainly Zentangle projects and that was really enjoyable.
I couldn't stop anymore and looked all over the internet and Facebook for more information.
Then I found someone on Facebook whose style (Geometry) I completely fell in love with.
His name is Ahmed Fouad. Look for this great artist on Facebook yourself and start following him.
It changed my view on drawing and I started drawing differently with this coloring book as a result.
This coloring book has been made with the help of Ahmed Fouad (my preceptor).
I am very grateful towards him and do hope you get as much joy and peace as me when coloring.
Wishing you lots of coloring fun!

José Sneijder

Ik wil mij zelf even voorstellen

Ik ben Jose, en heb 2 kinderen (zonen, en 3 kleinkinderen(1 meisje en 2 jongens)

Ik ben 2 jaar geleden begonnen met tekenen.(daarvoor nog nooit iete gedaan met tekenen)
Het kleuren voor volwassenen was in opkomst(over de hele wereld)
Eerst waren het vooral zentangle projecten
En wat een plezier kreeg ik daarin.
Ik was niet meer te stoppen.
Heb toen het hele internet en Facebook afgezocht, wat ik erover kon vinden.
Toen kwam ik iemand tegen op Facebook met een stijl (Geomertie) waar ik helemaal verliefd op werd.
Zijn naam Ahmed Fouad.
Ga deze geweldige kunstenaar ook maar eens opzoeken op FB.
Kan je aanbevelen om hem ook te gaan volgen.
Ben toen op een andere manier naar tekenen gaan kijken.
En ben op een andere manier gaan tekenen.
Met dit kleurboek als resultaat.
Dit kleurboek is tot stand gekomen met de hulp van Ahmed Fouad(Leermeester)
Ben hem daar zeer dankbaar voor.
Hoop dat jullie net zoveel plezier , en rust mogen beleven , als ik aan het maken van deze kleurplaten heb gehad.
Heel veel kleur plezier.

José Sneijder

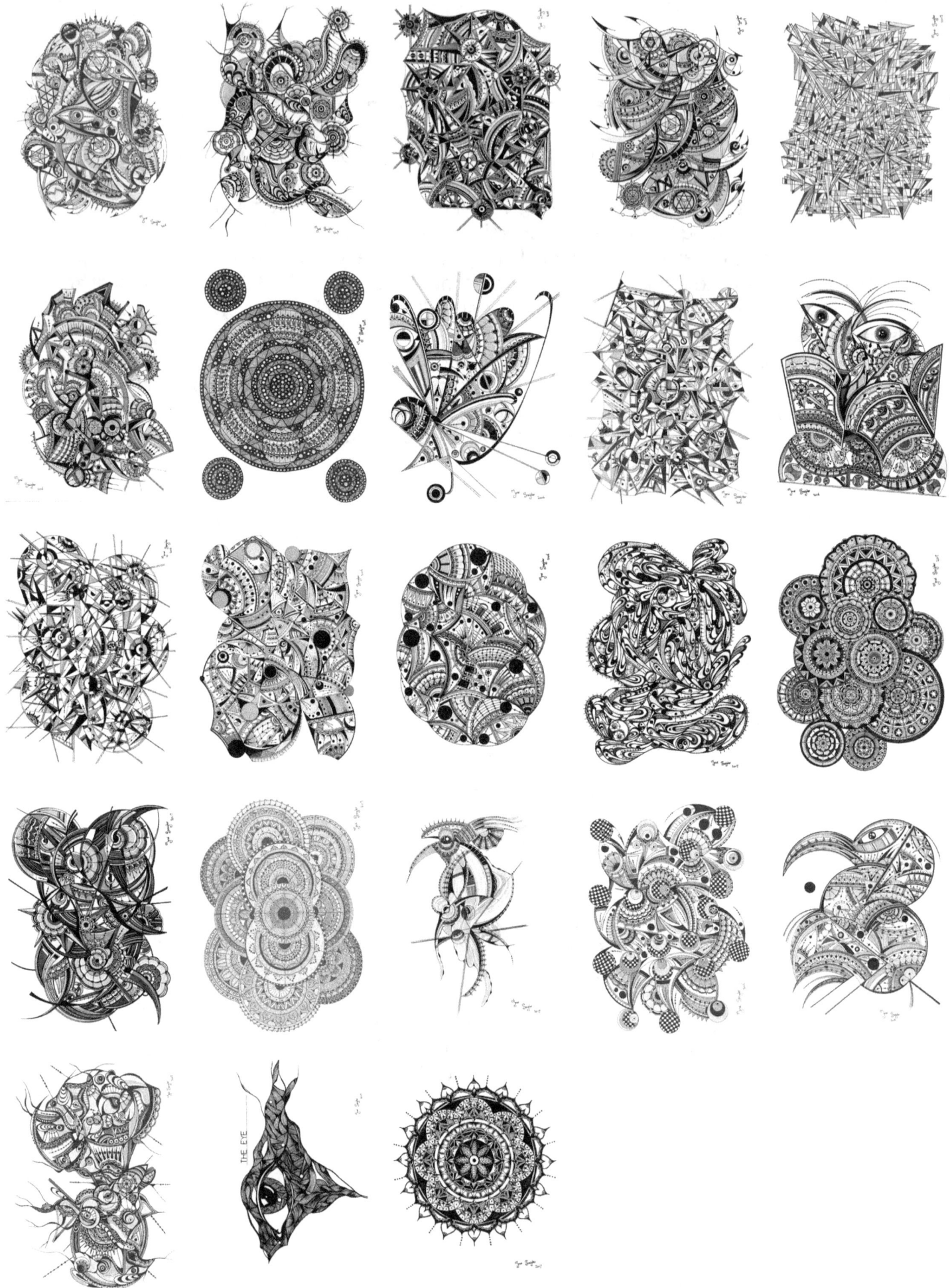

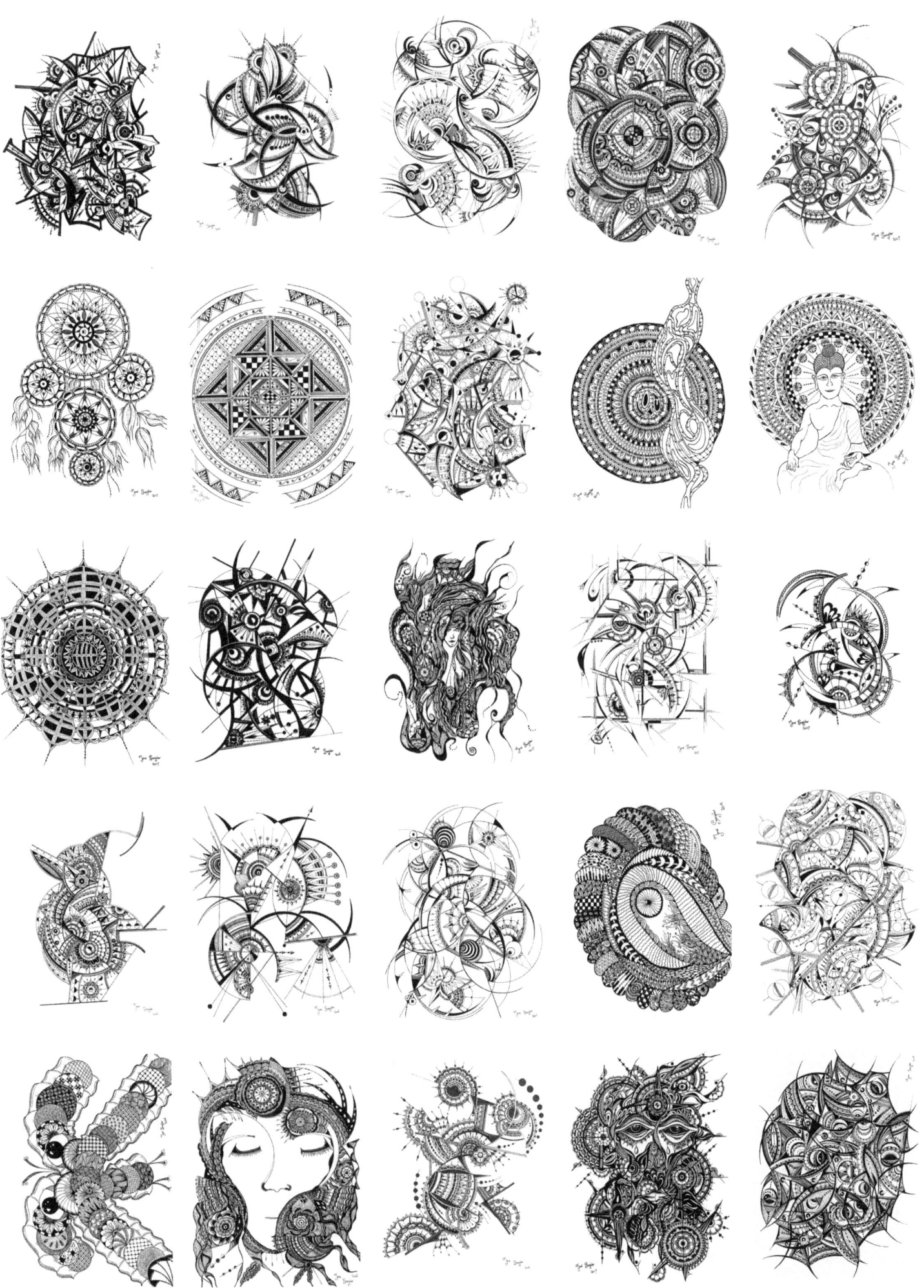

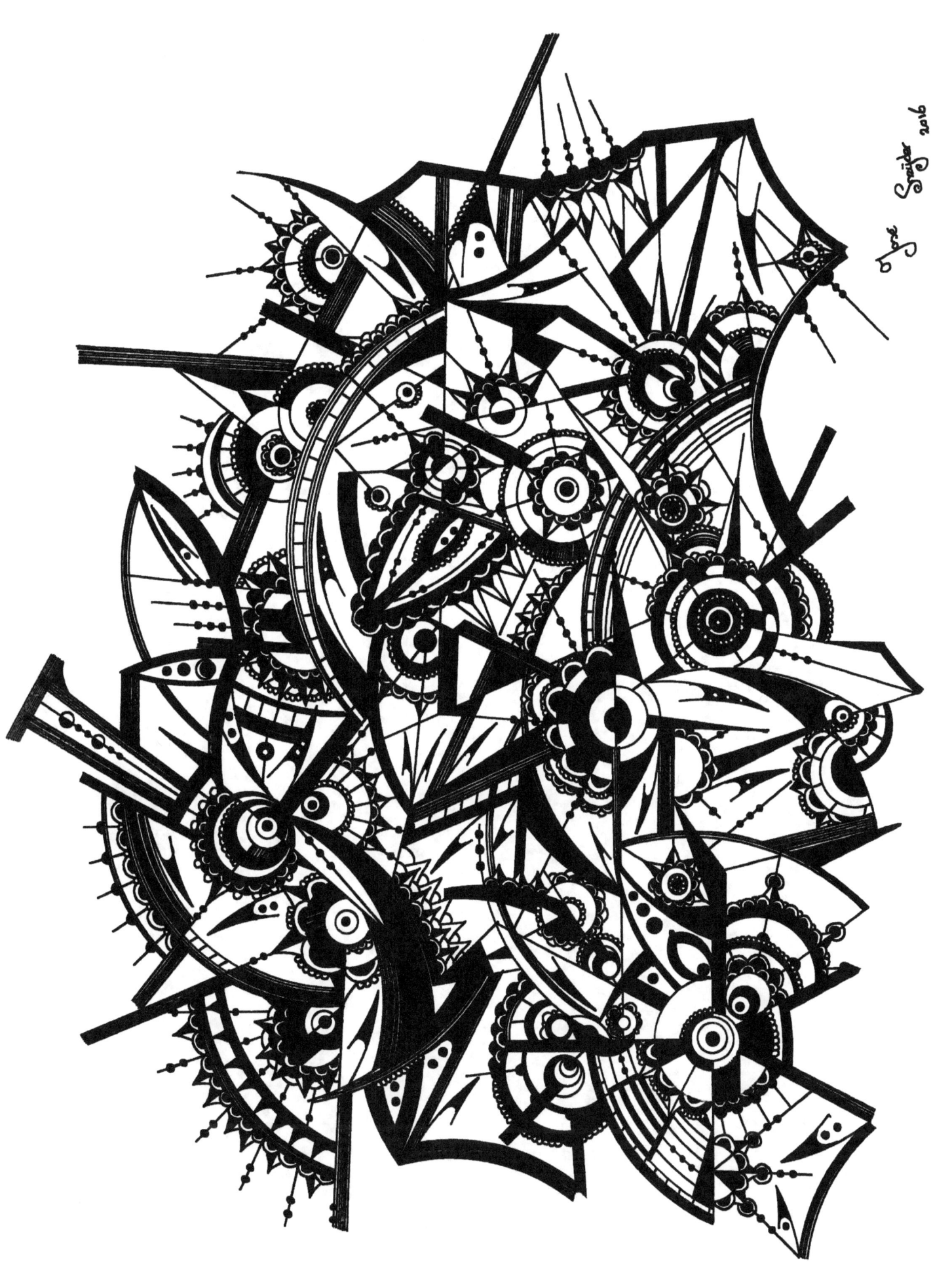

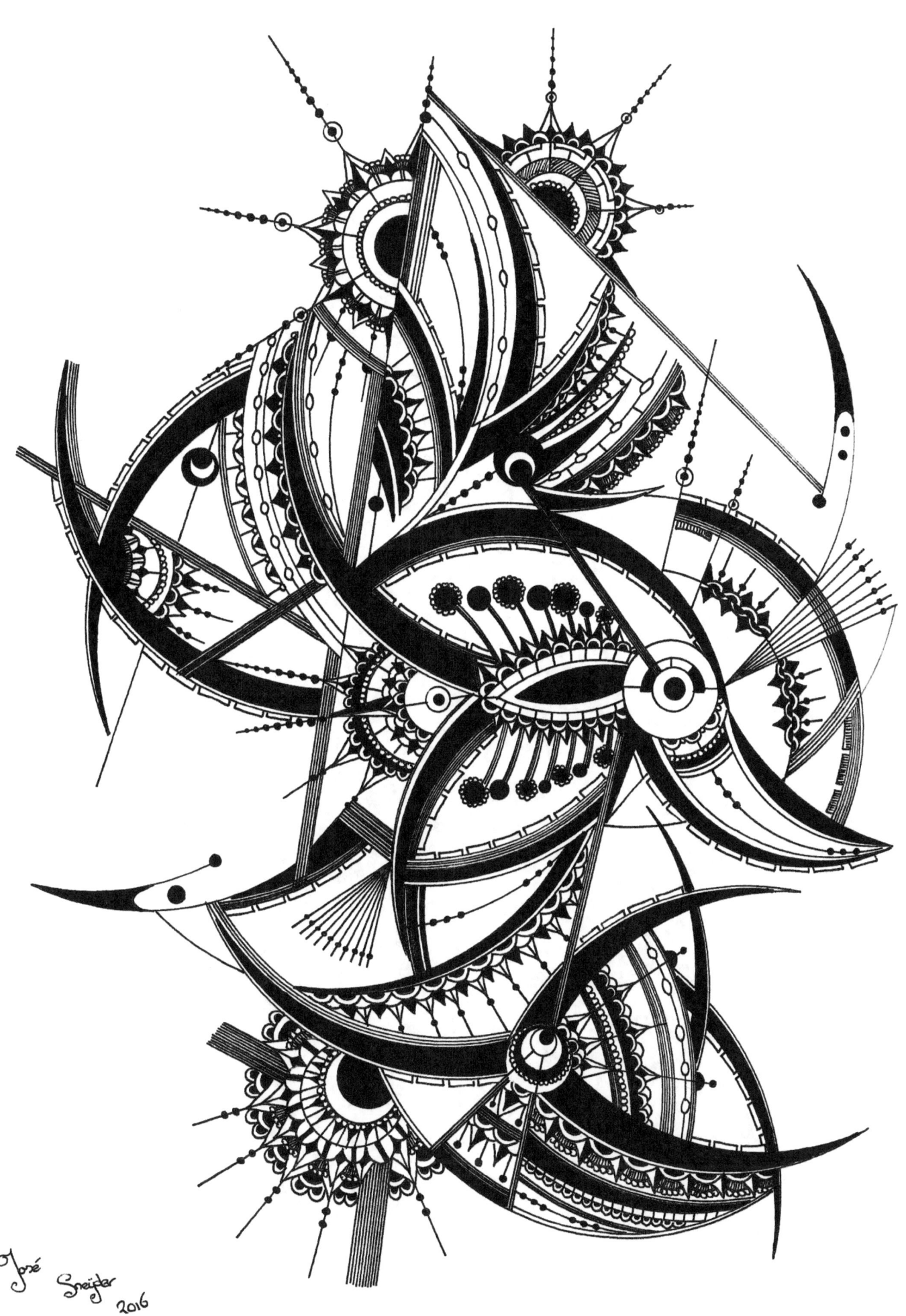

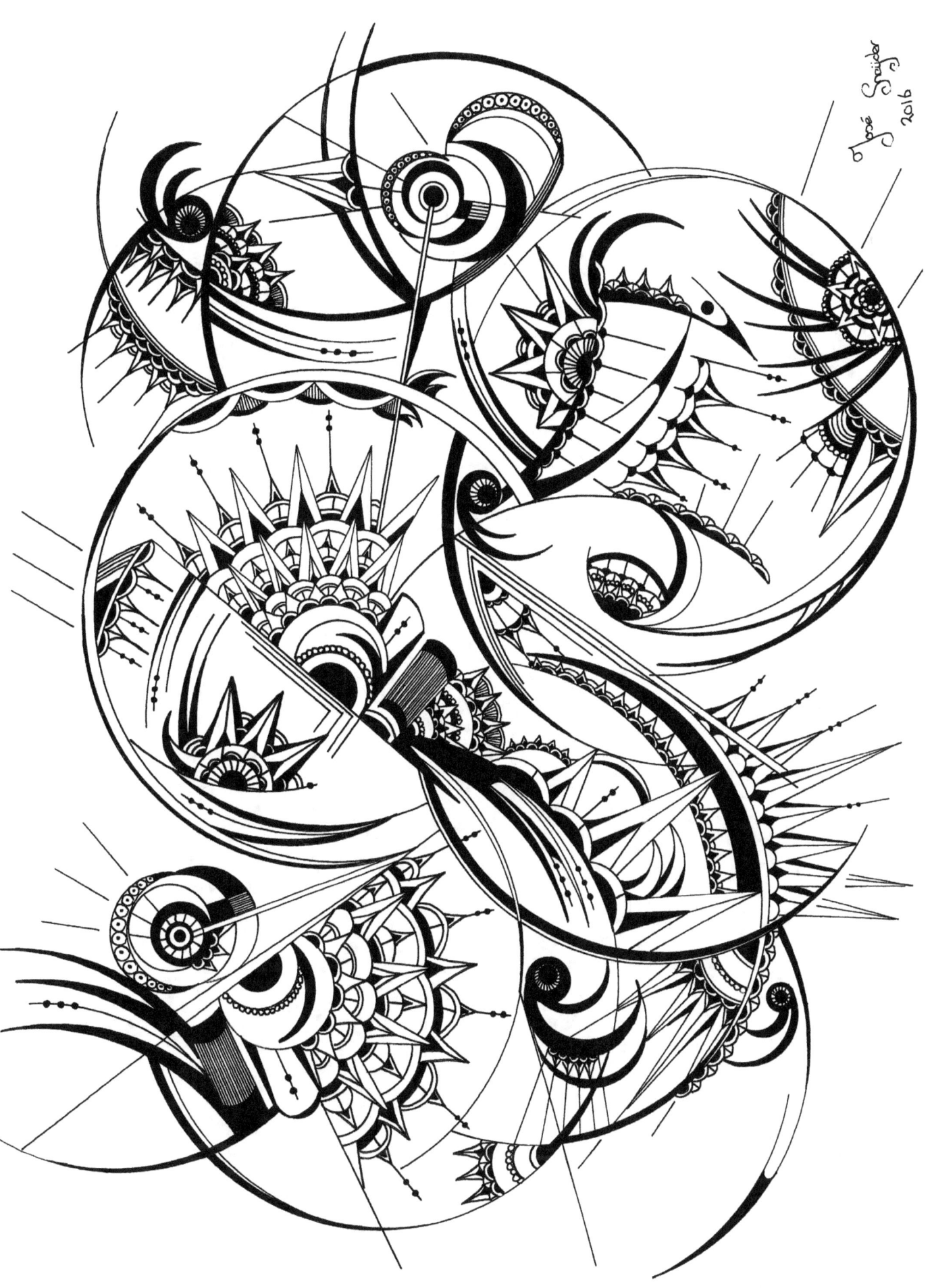

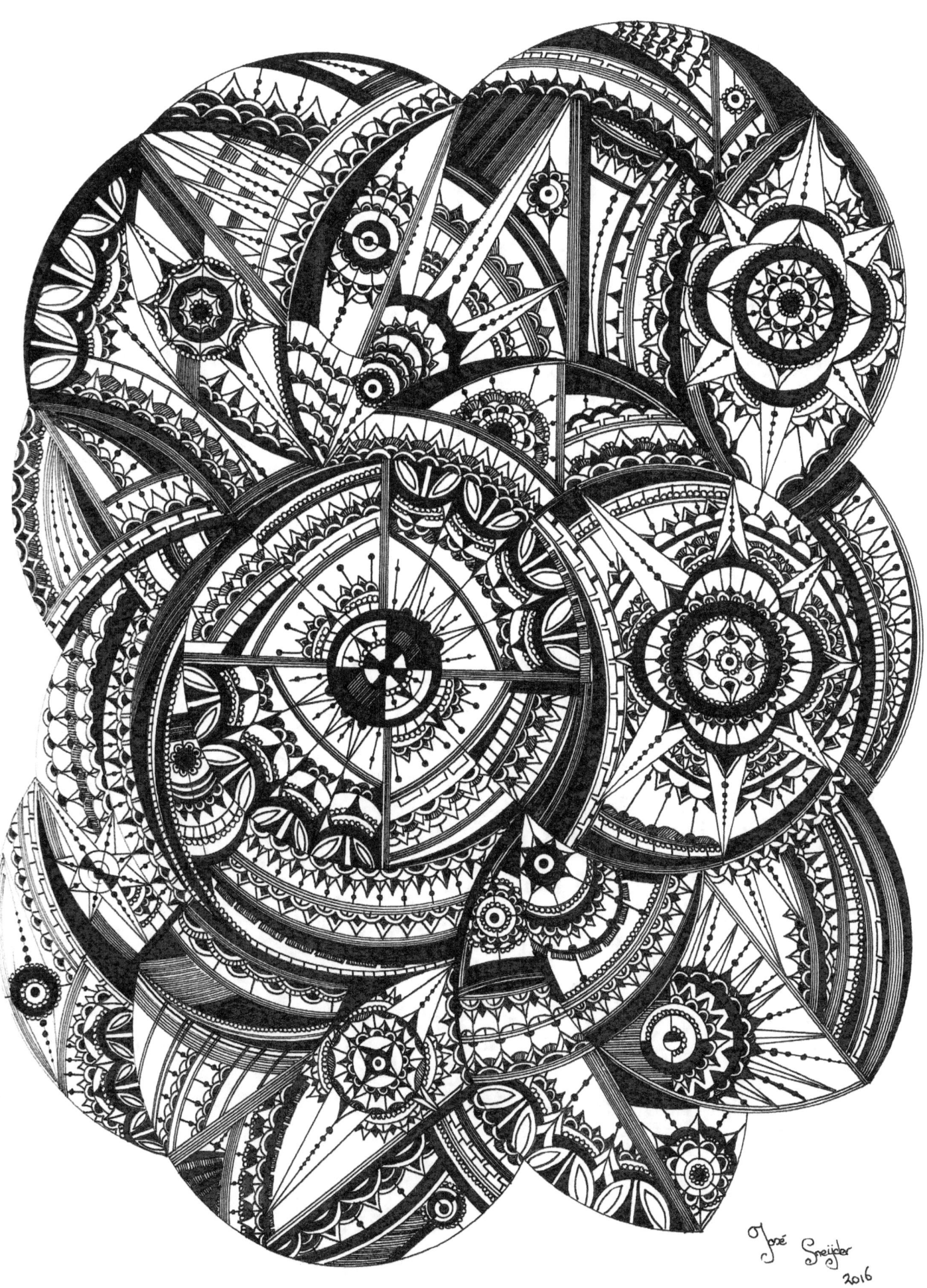

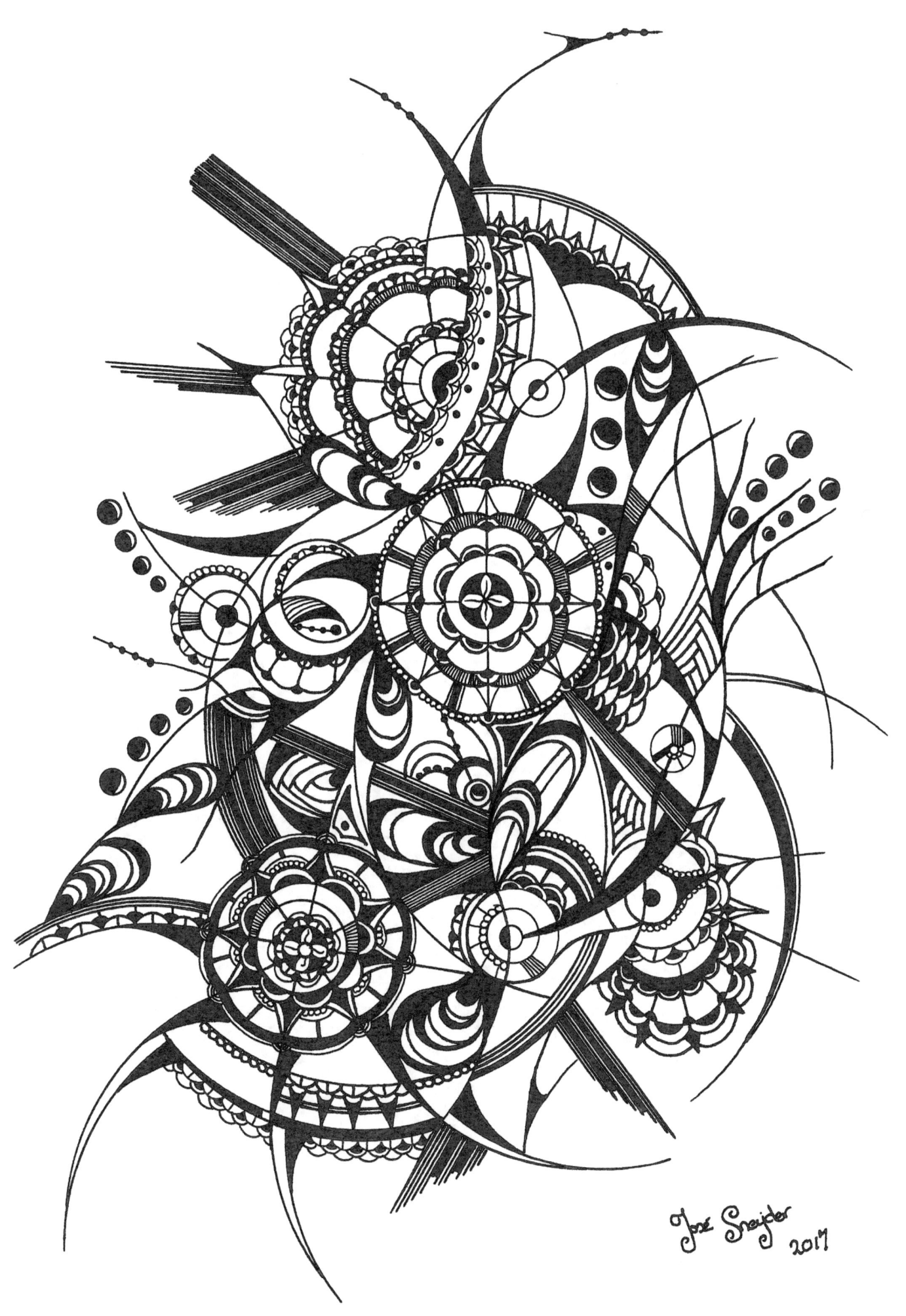

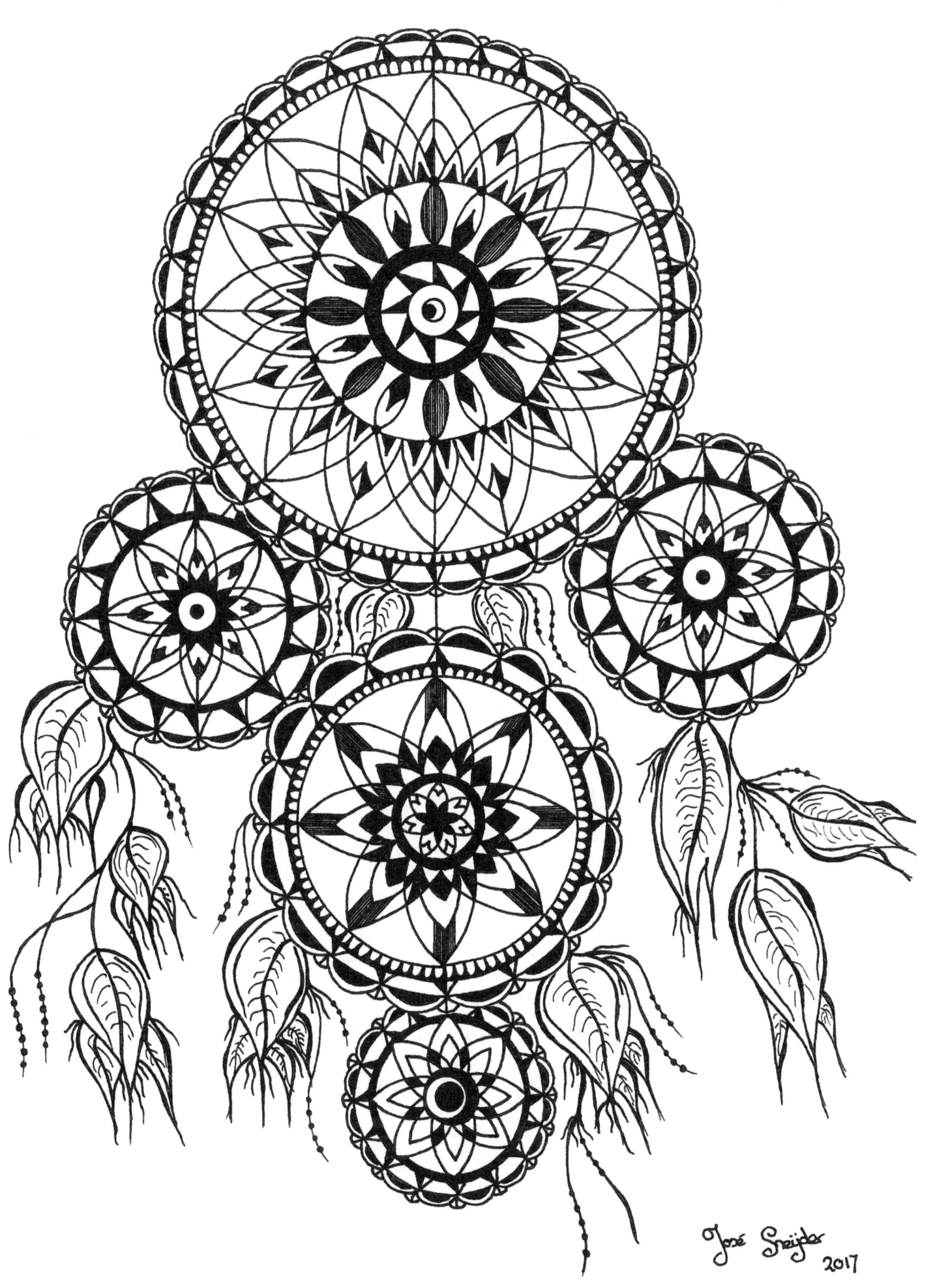

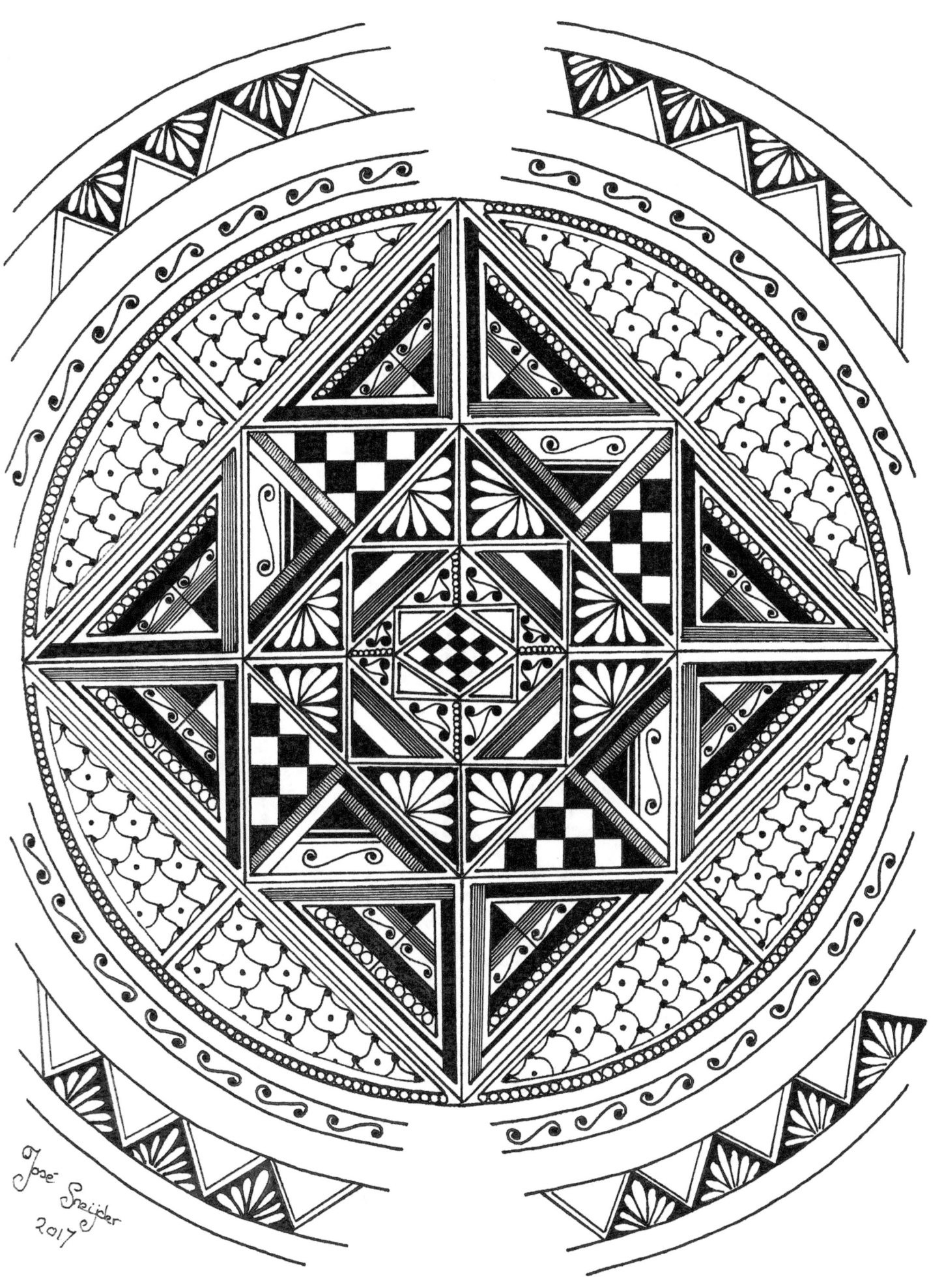

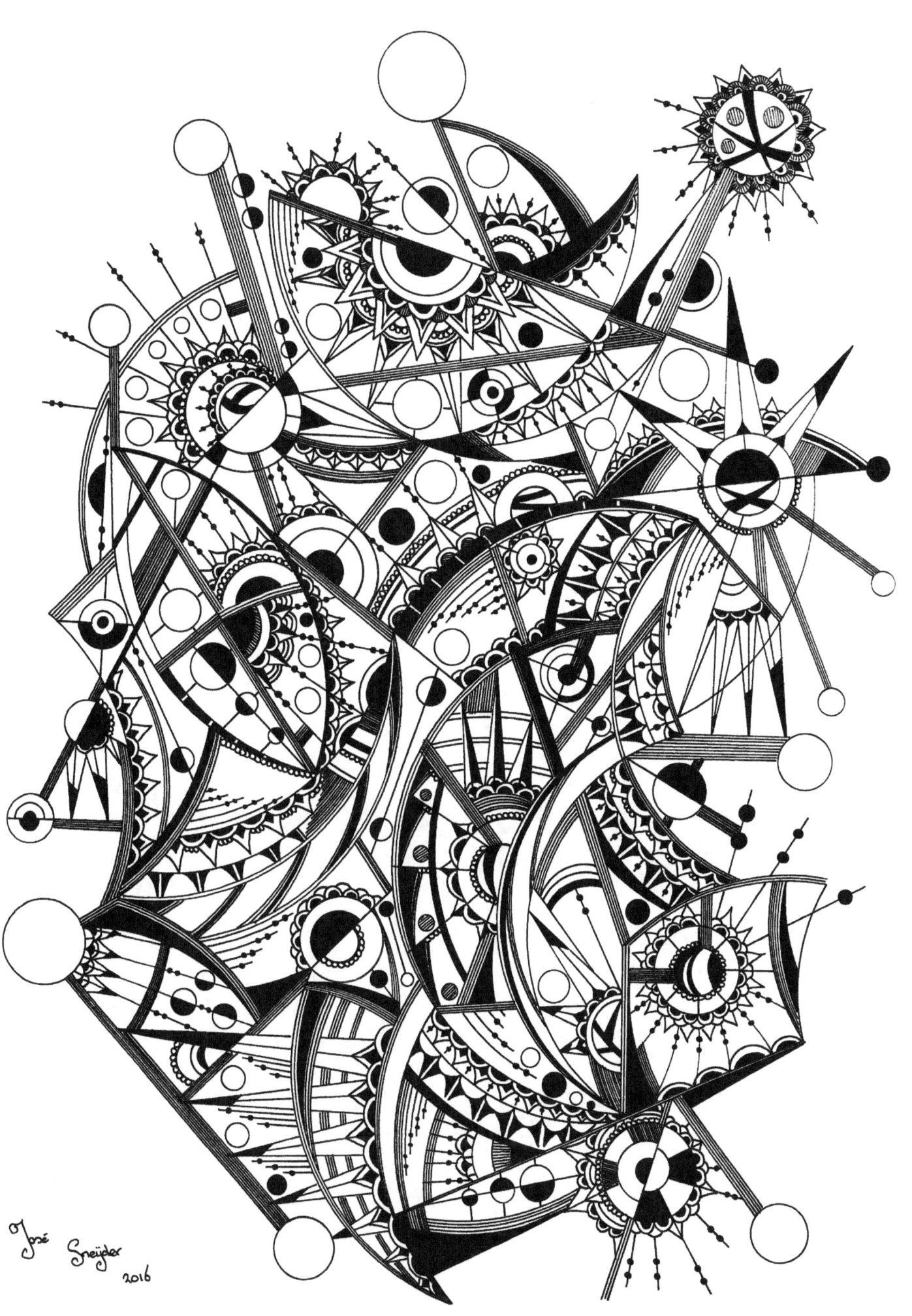

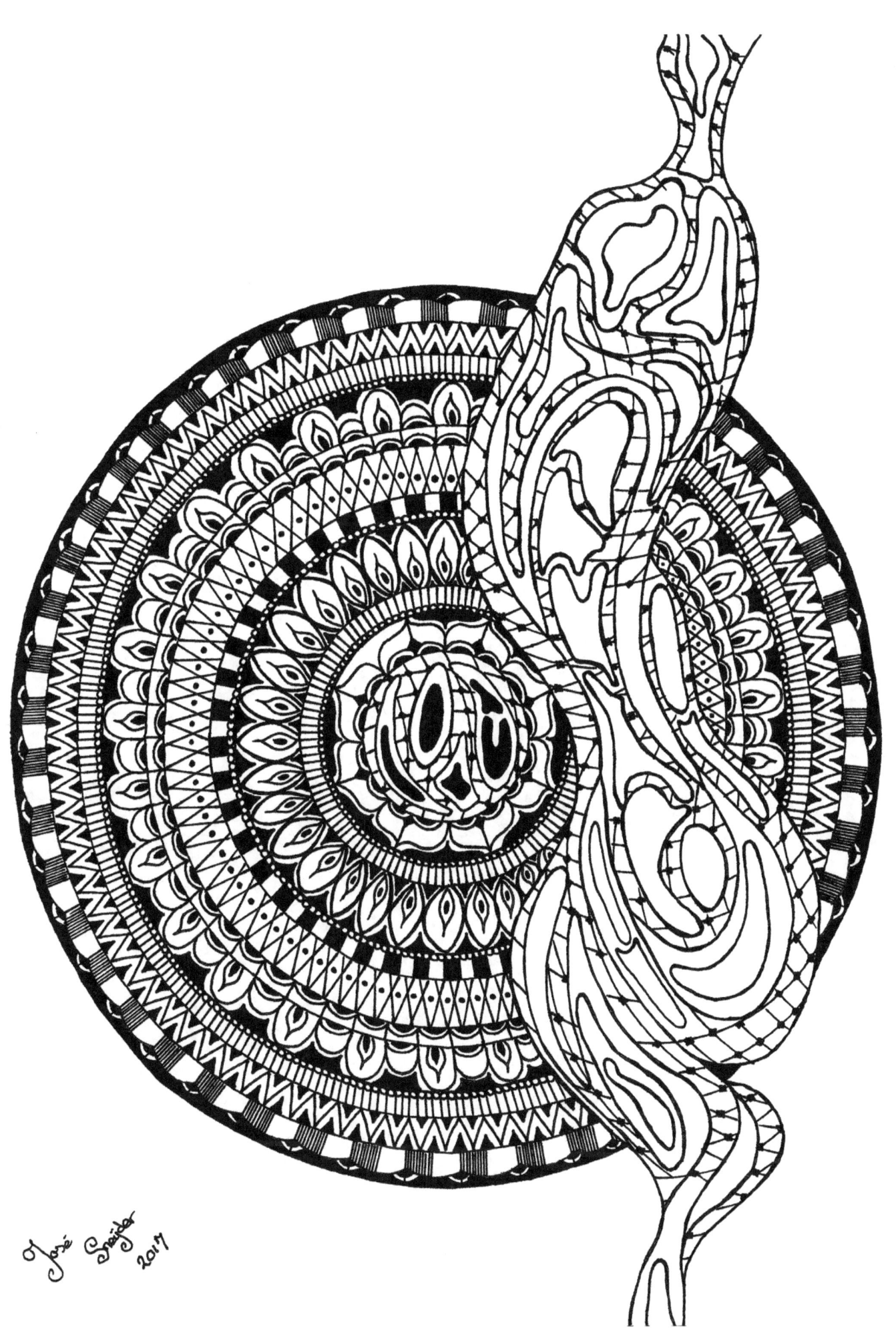

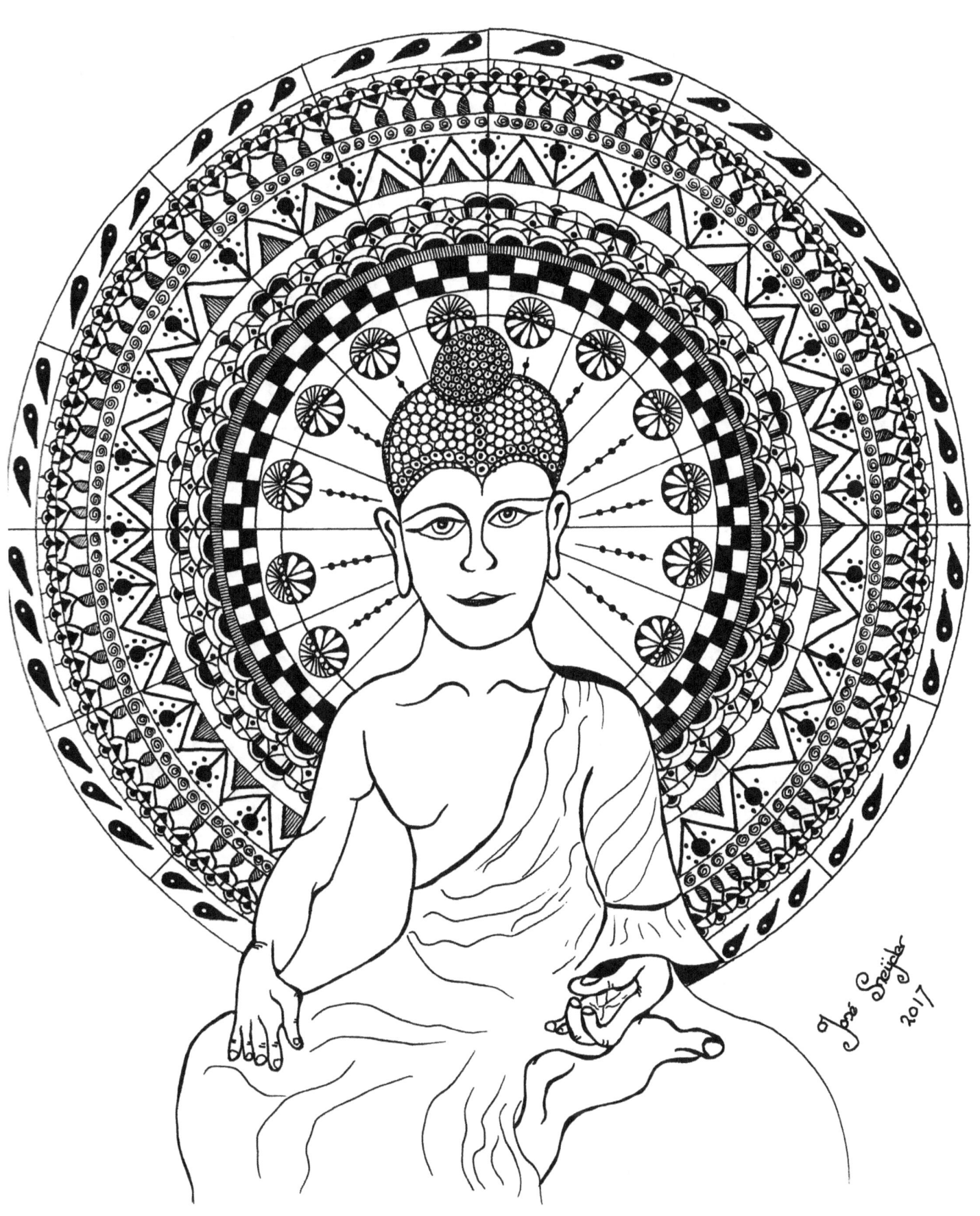

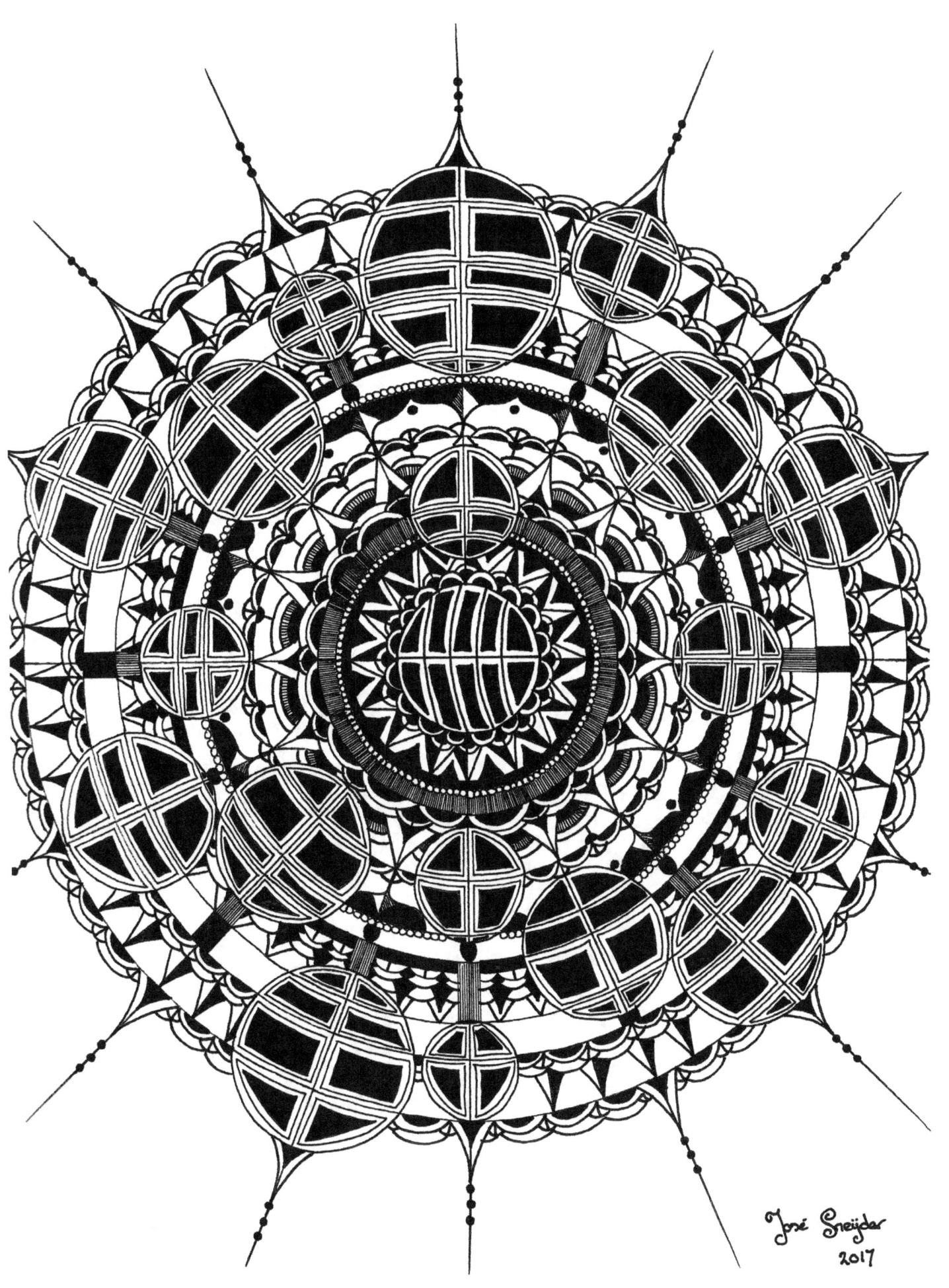

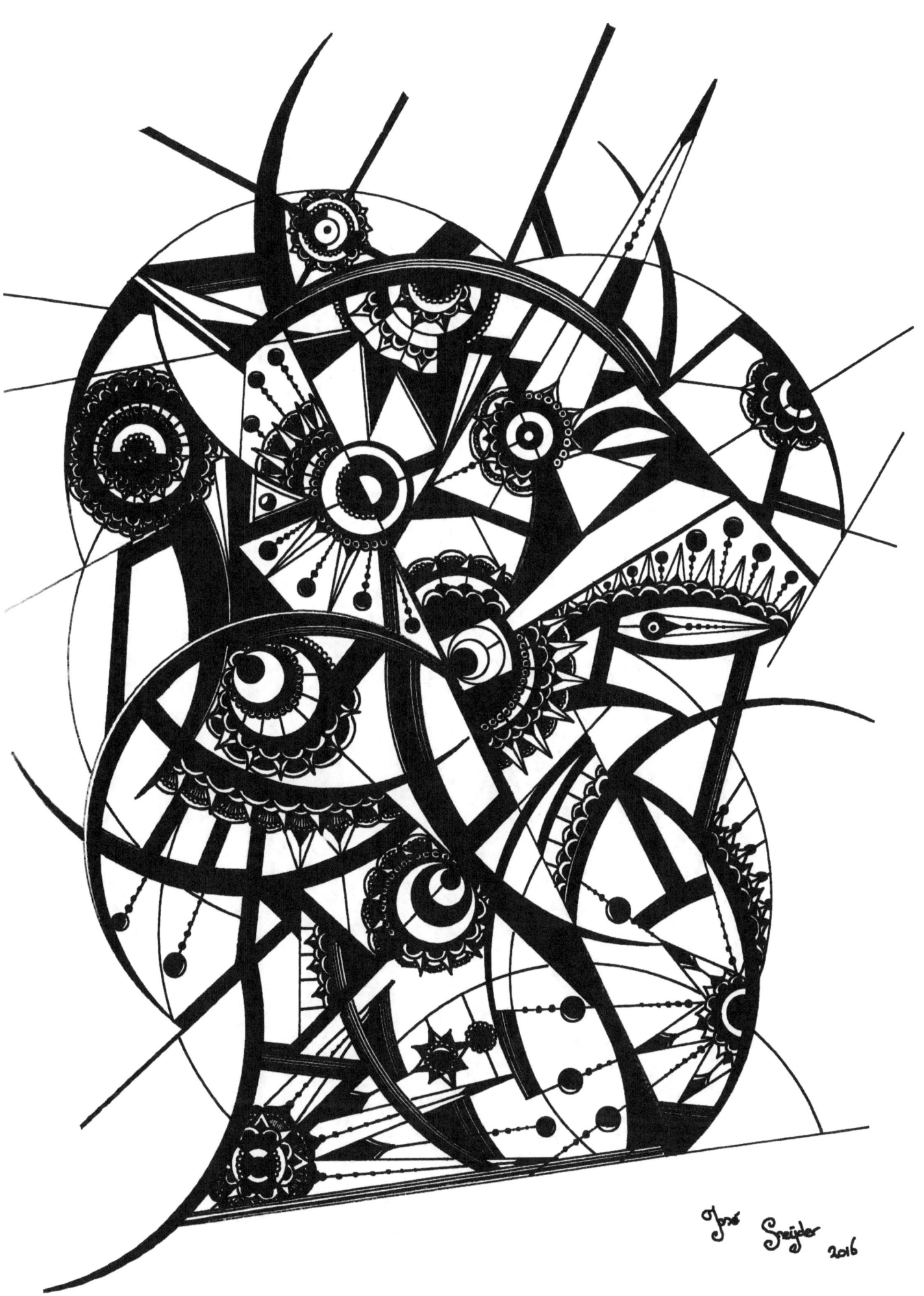

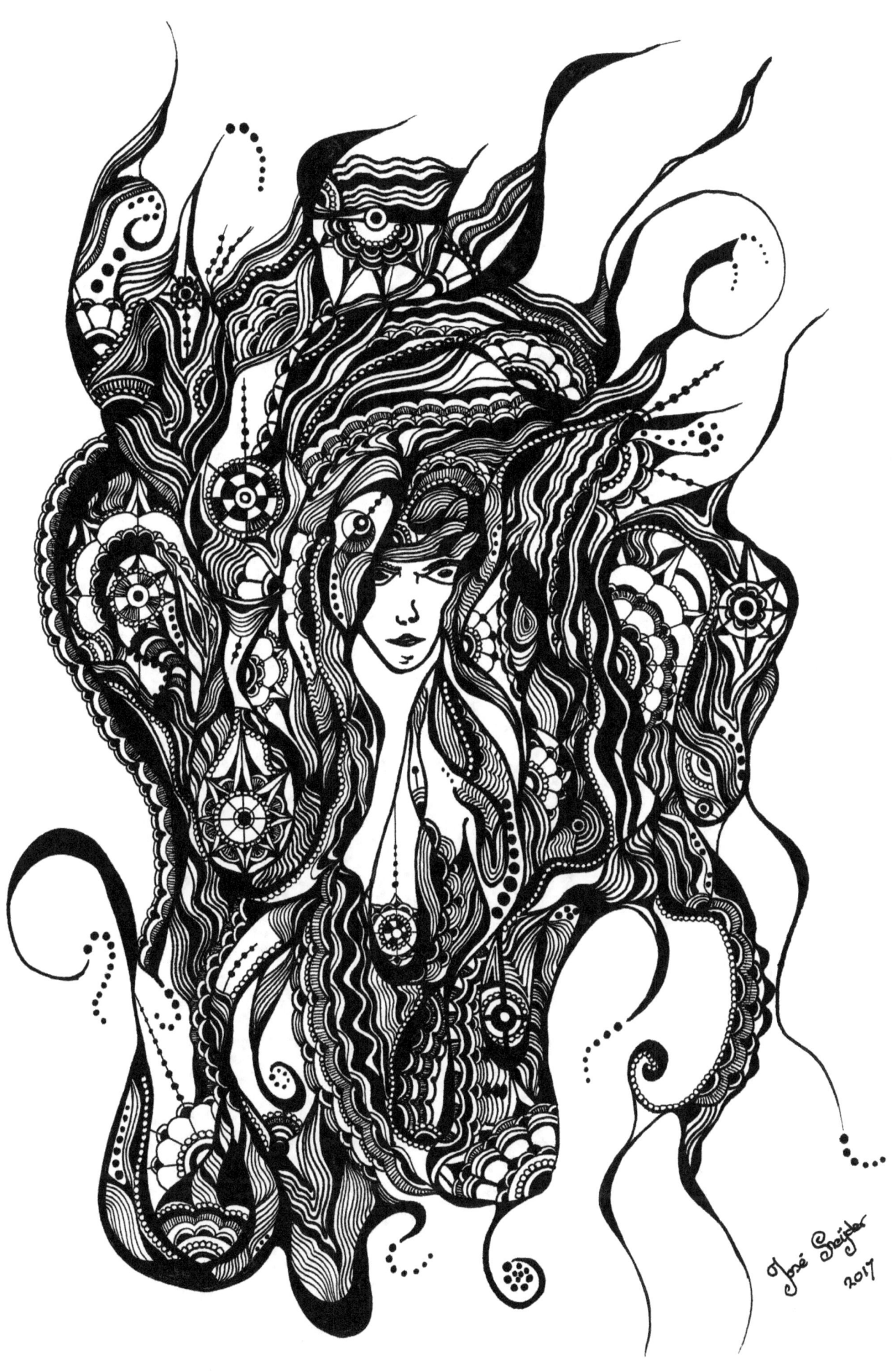

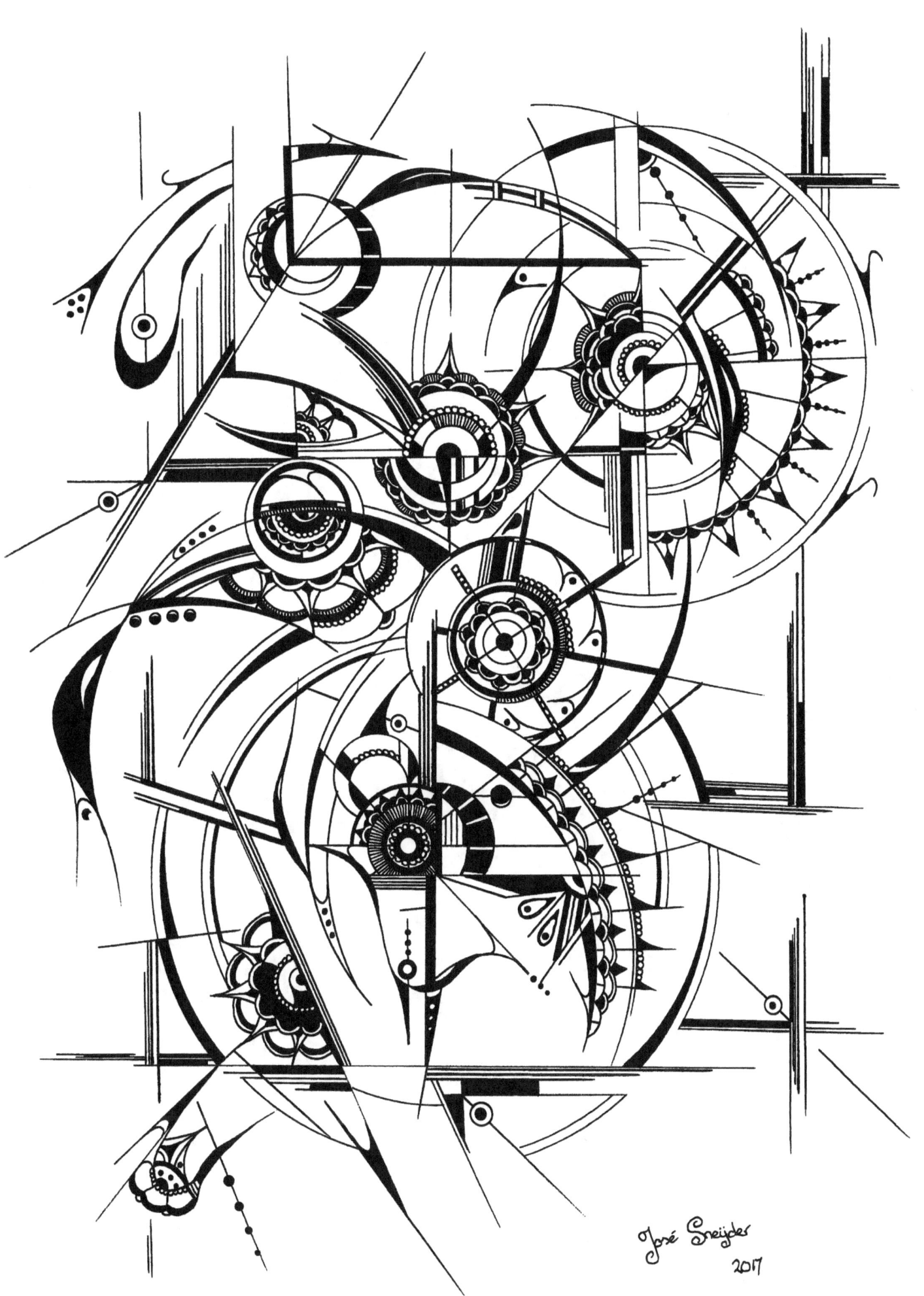

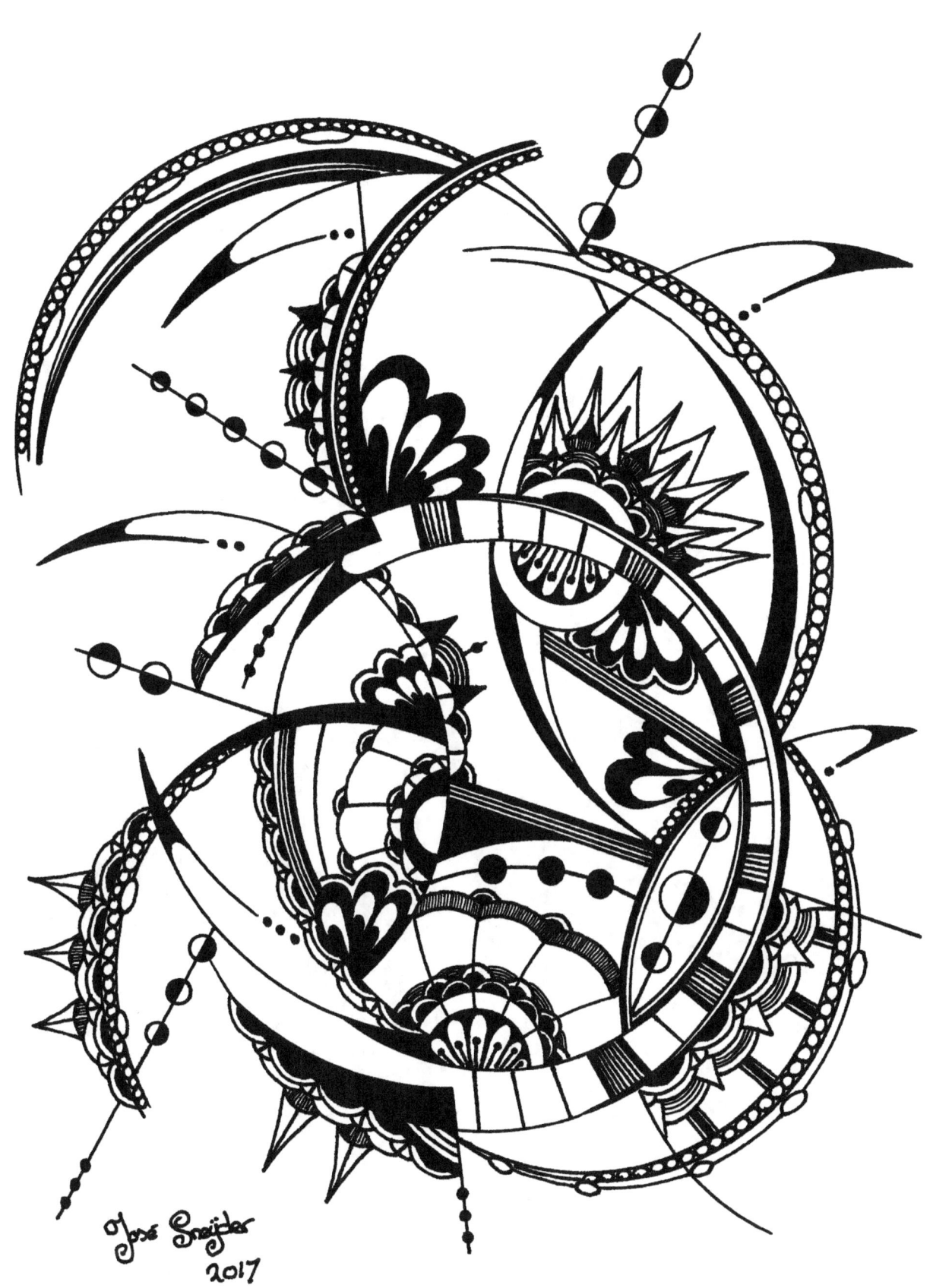

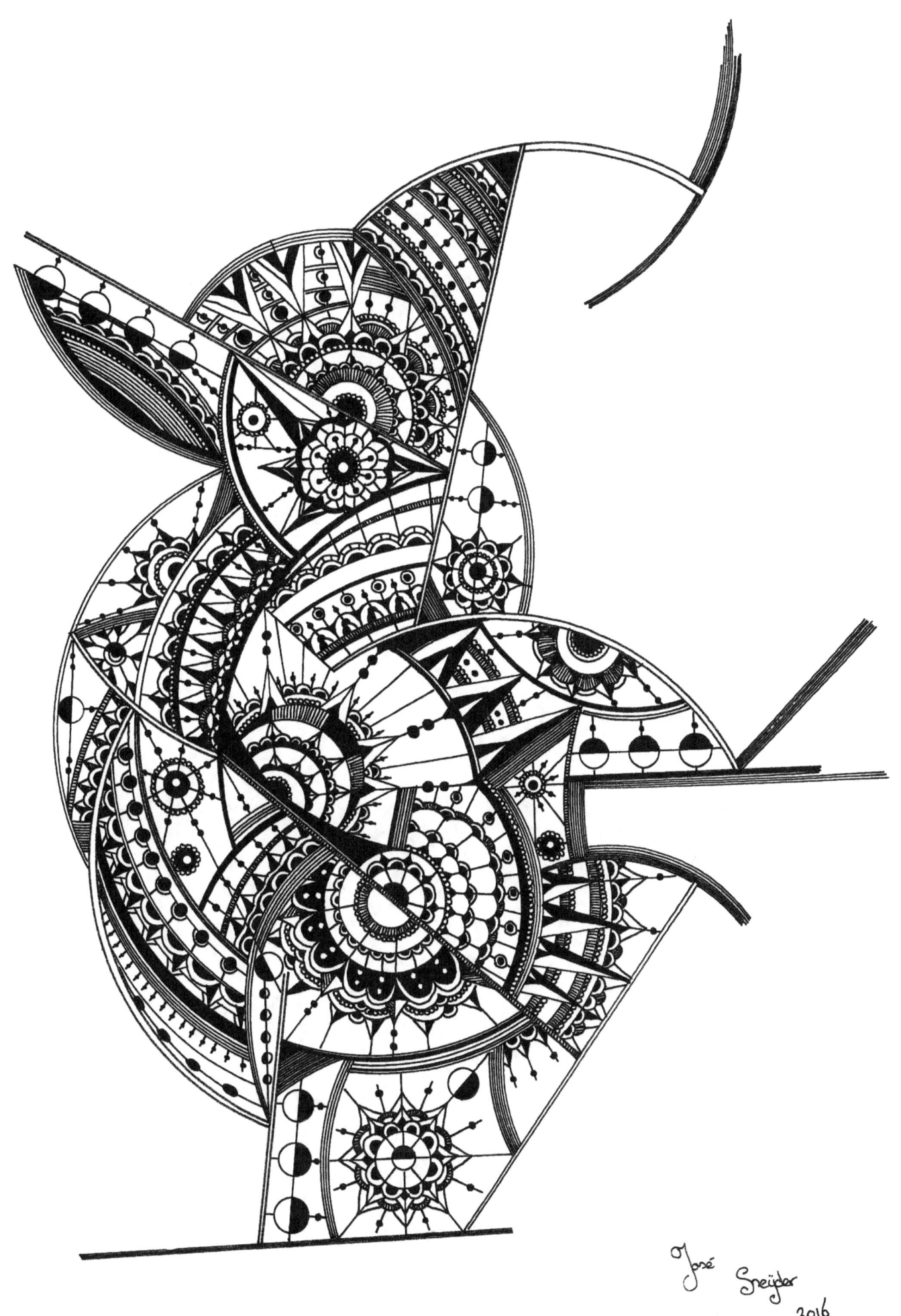

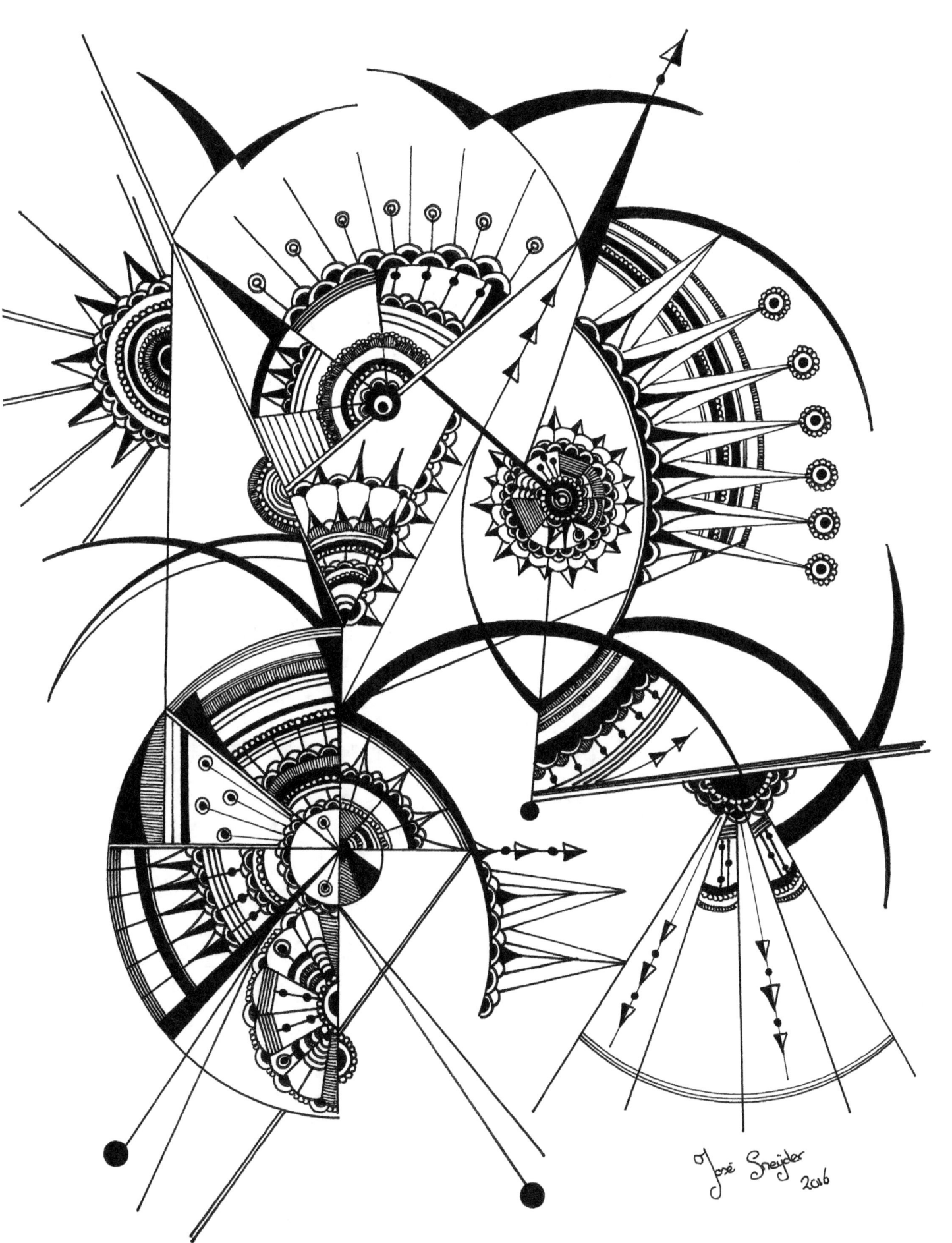

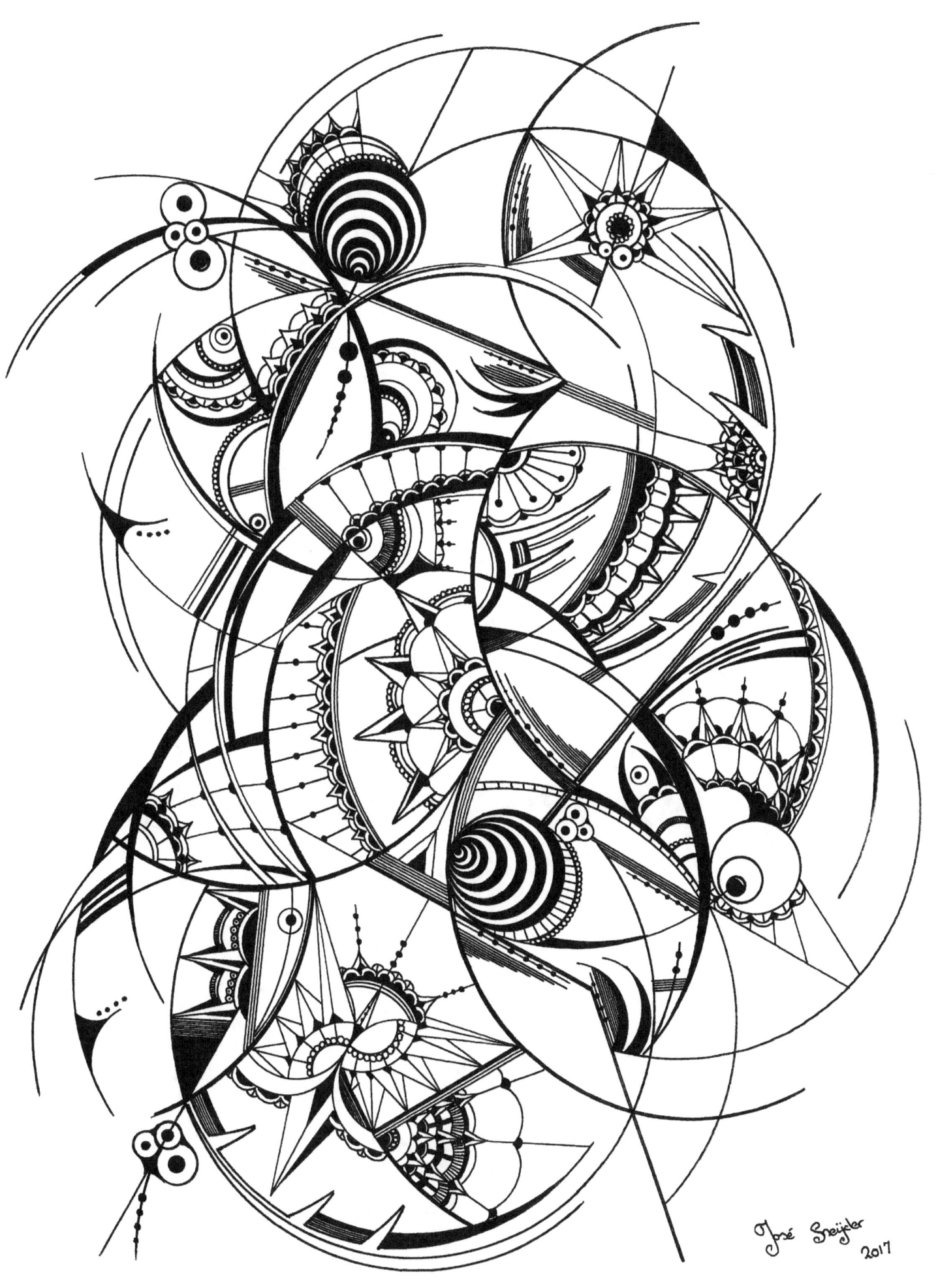

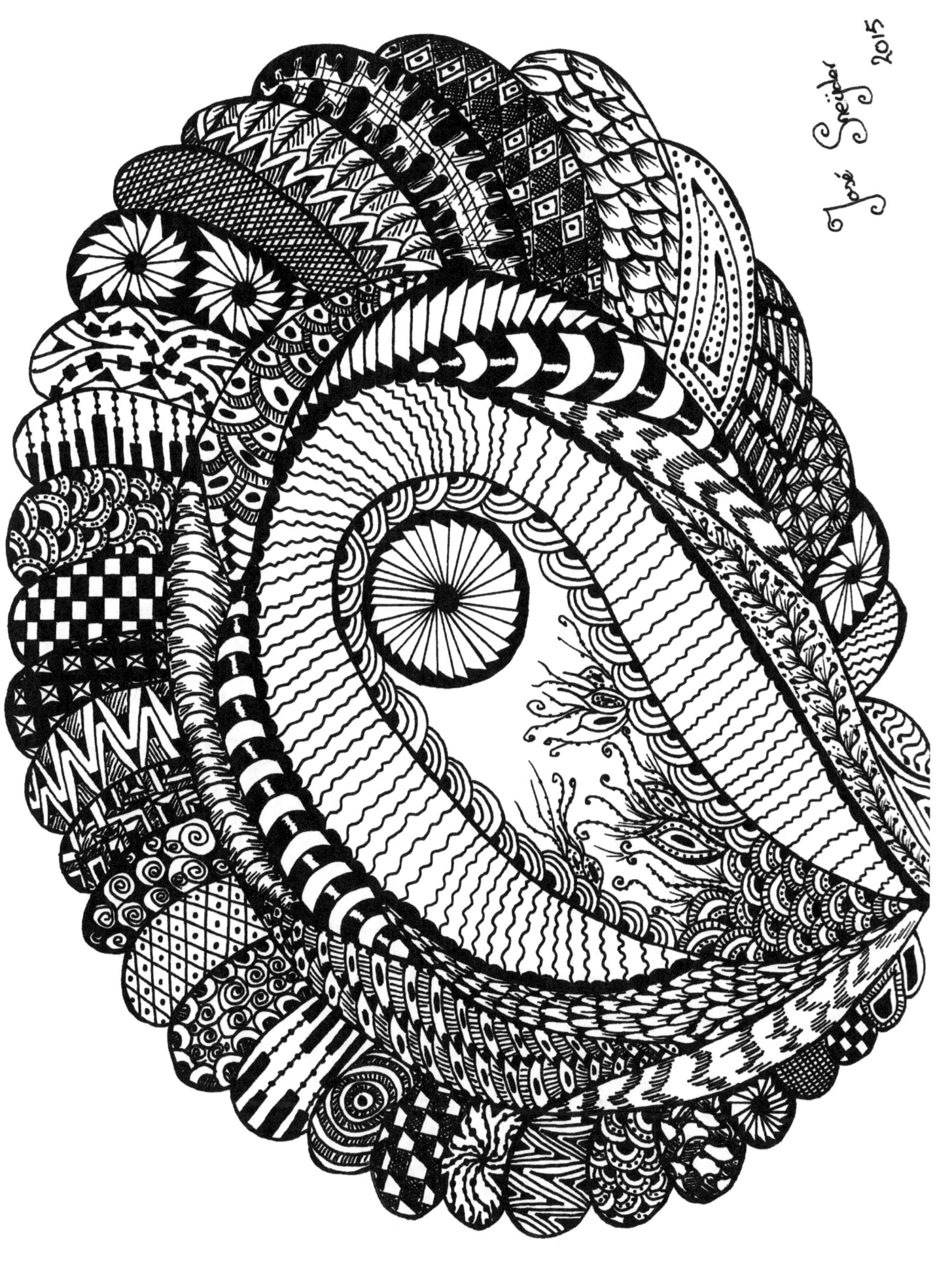

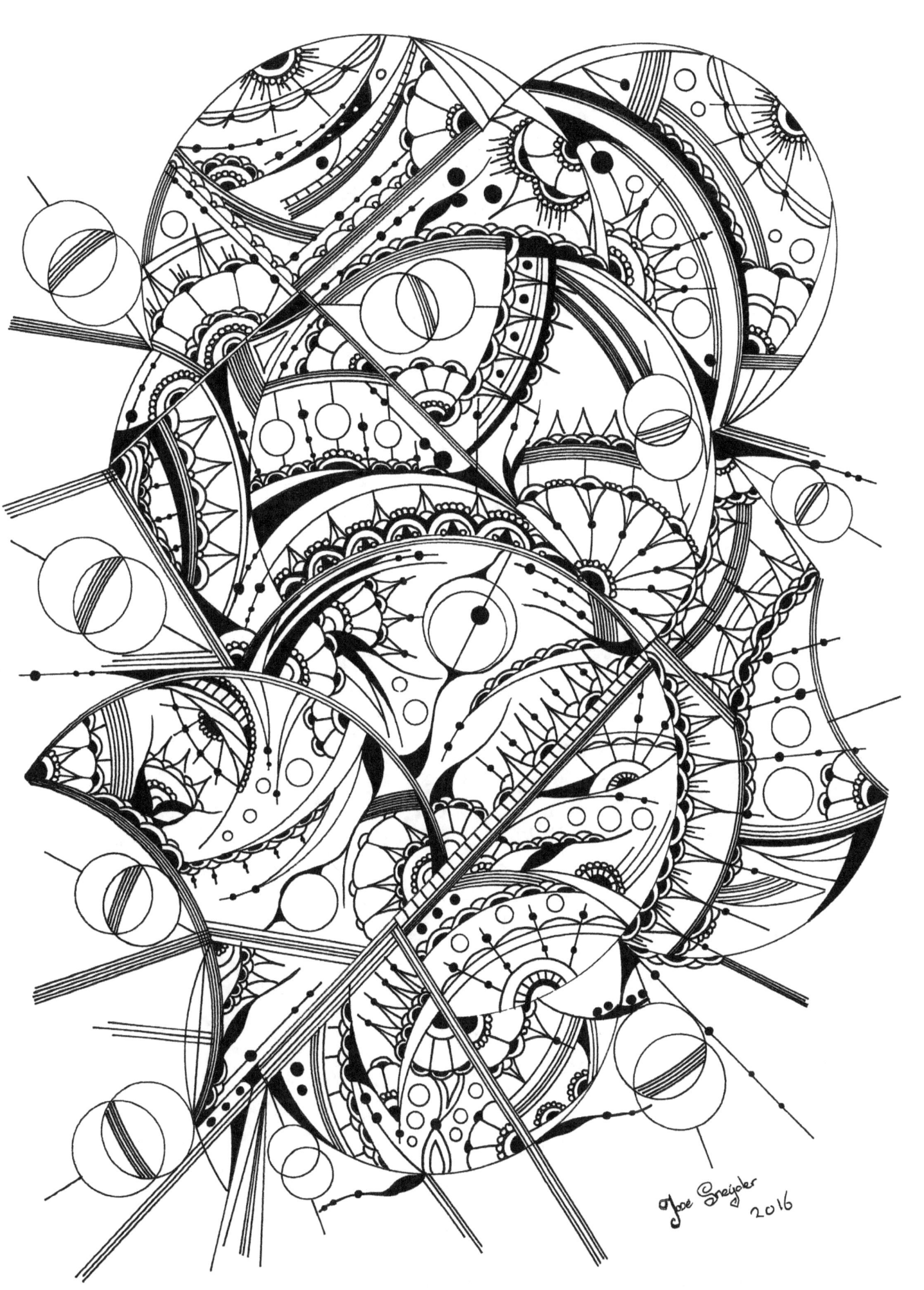

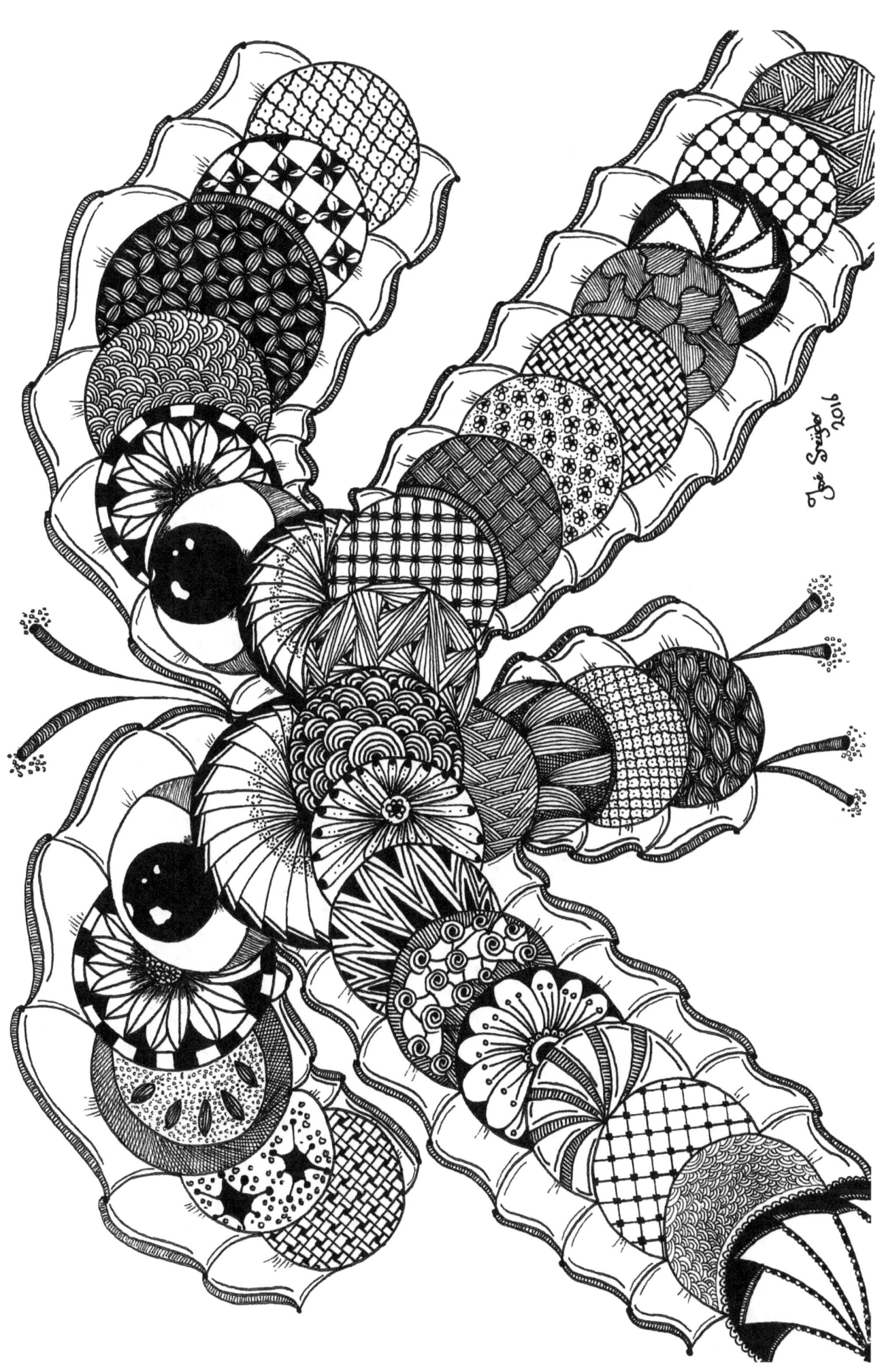

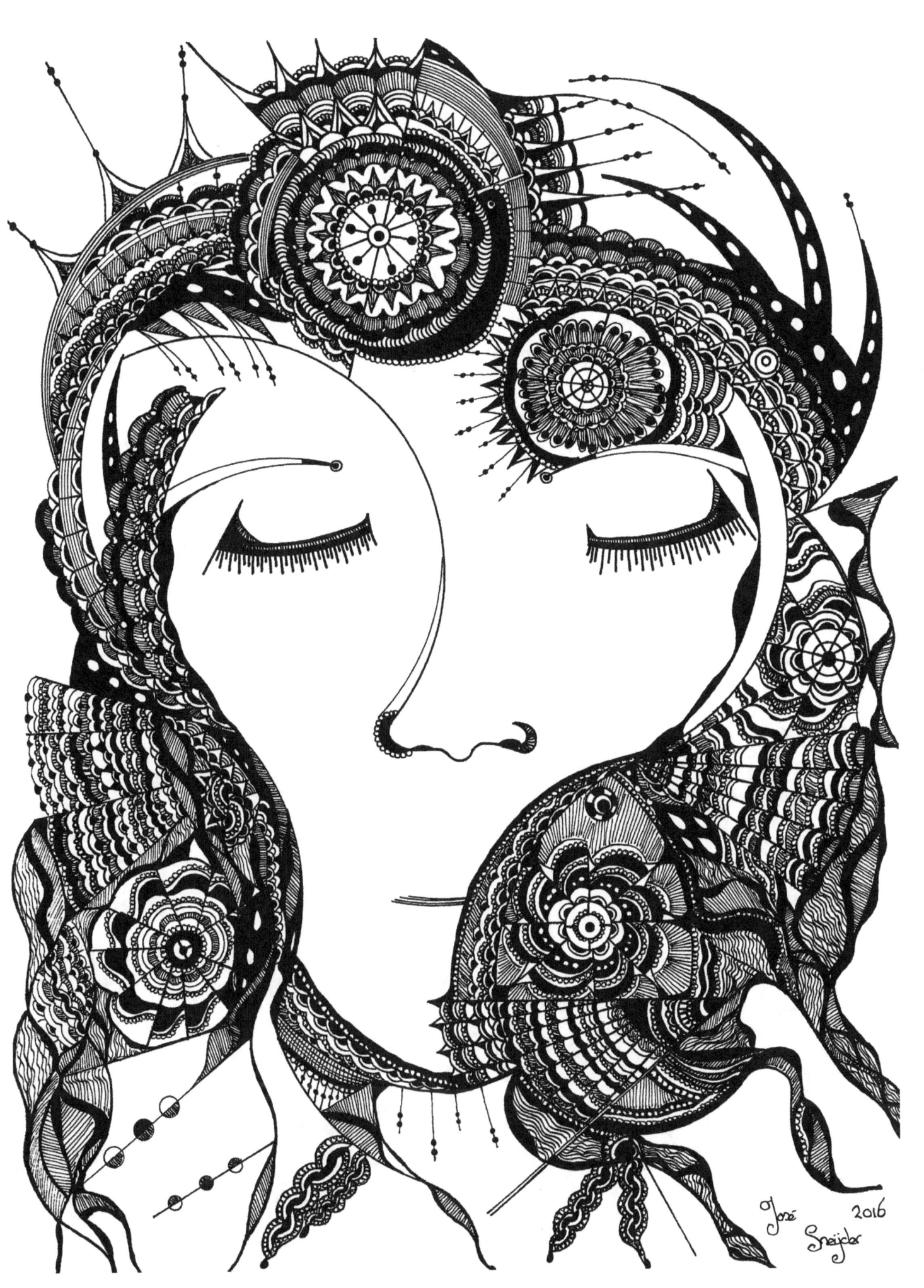

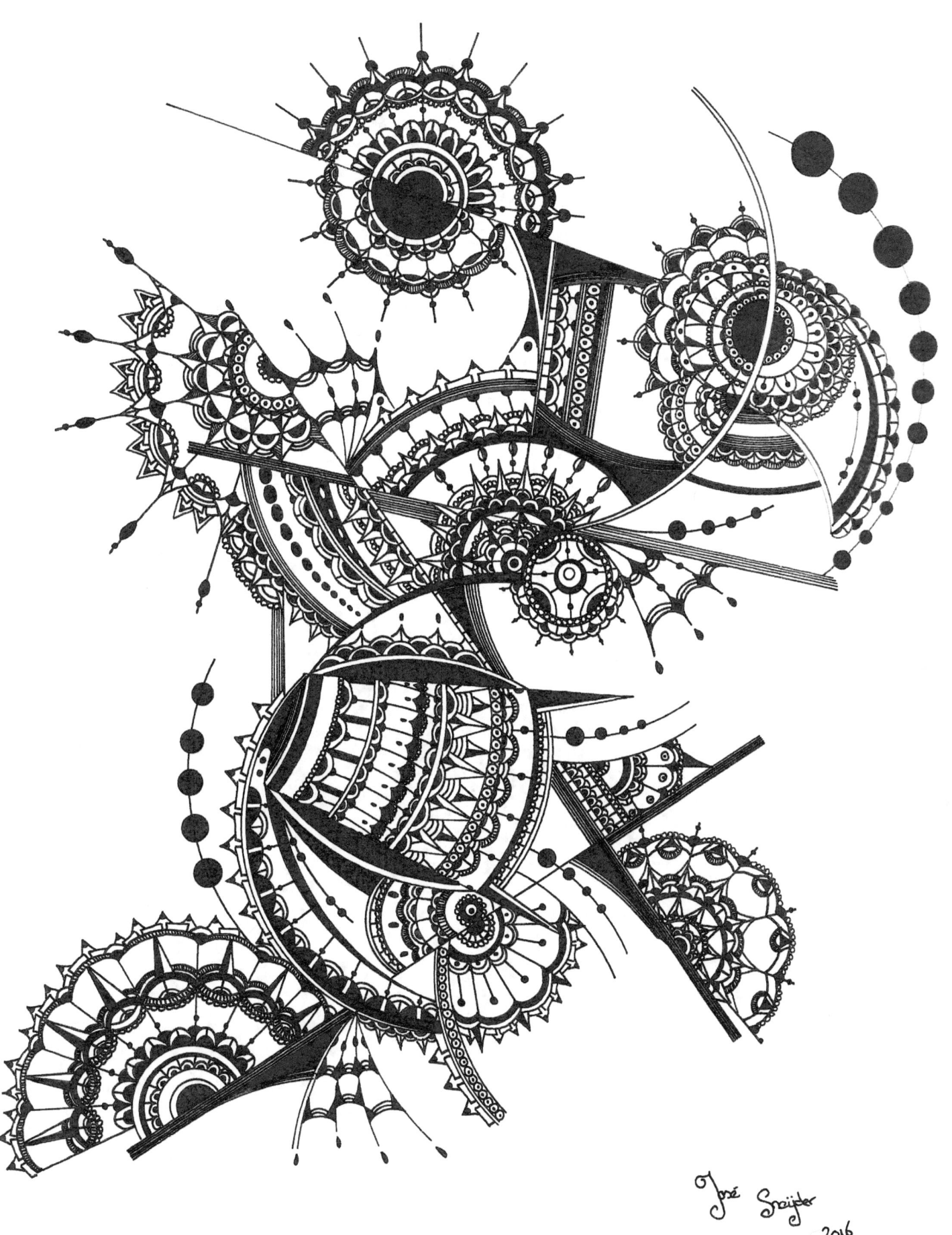

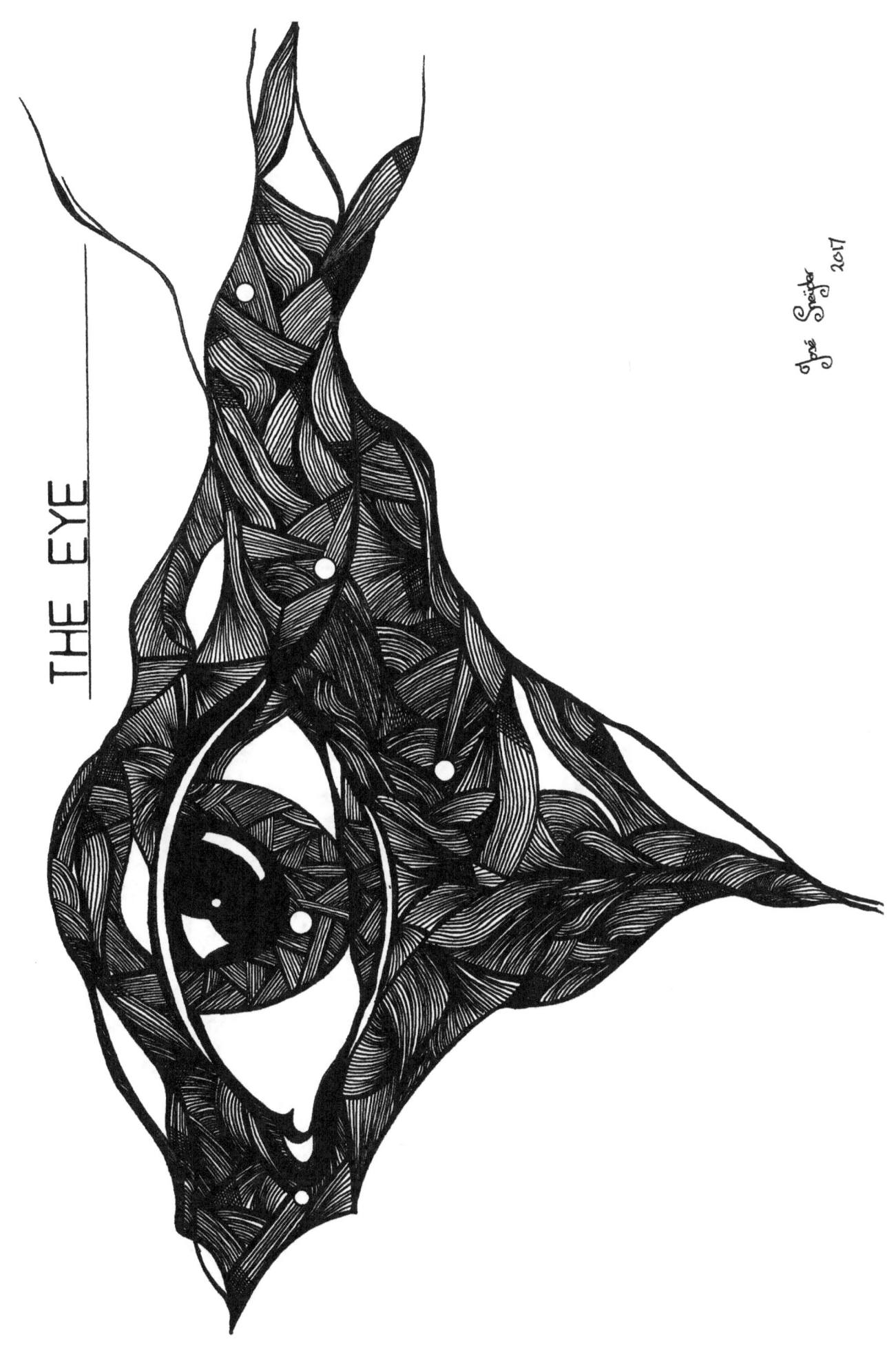

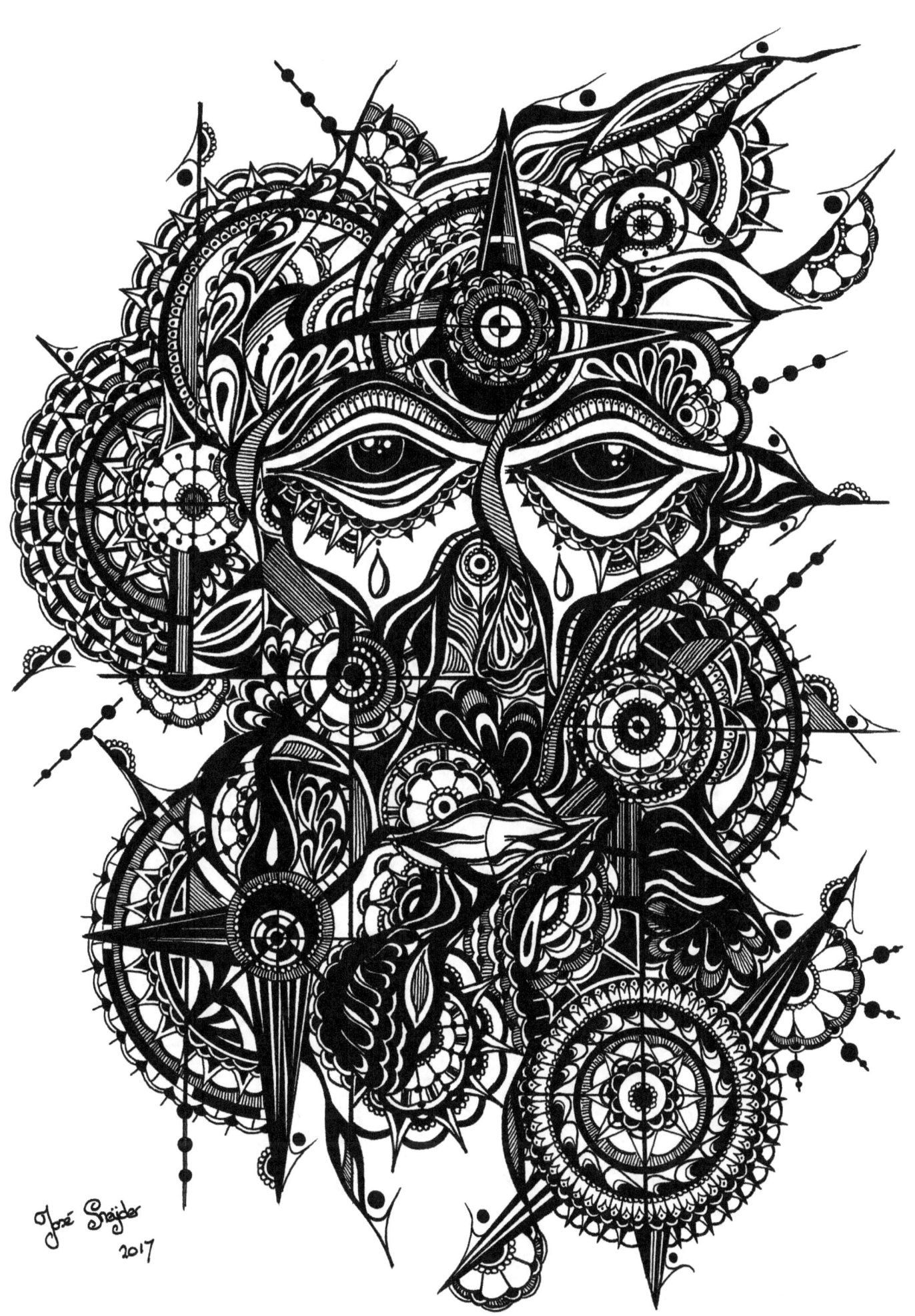

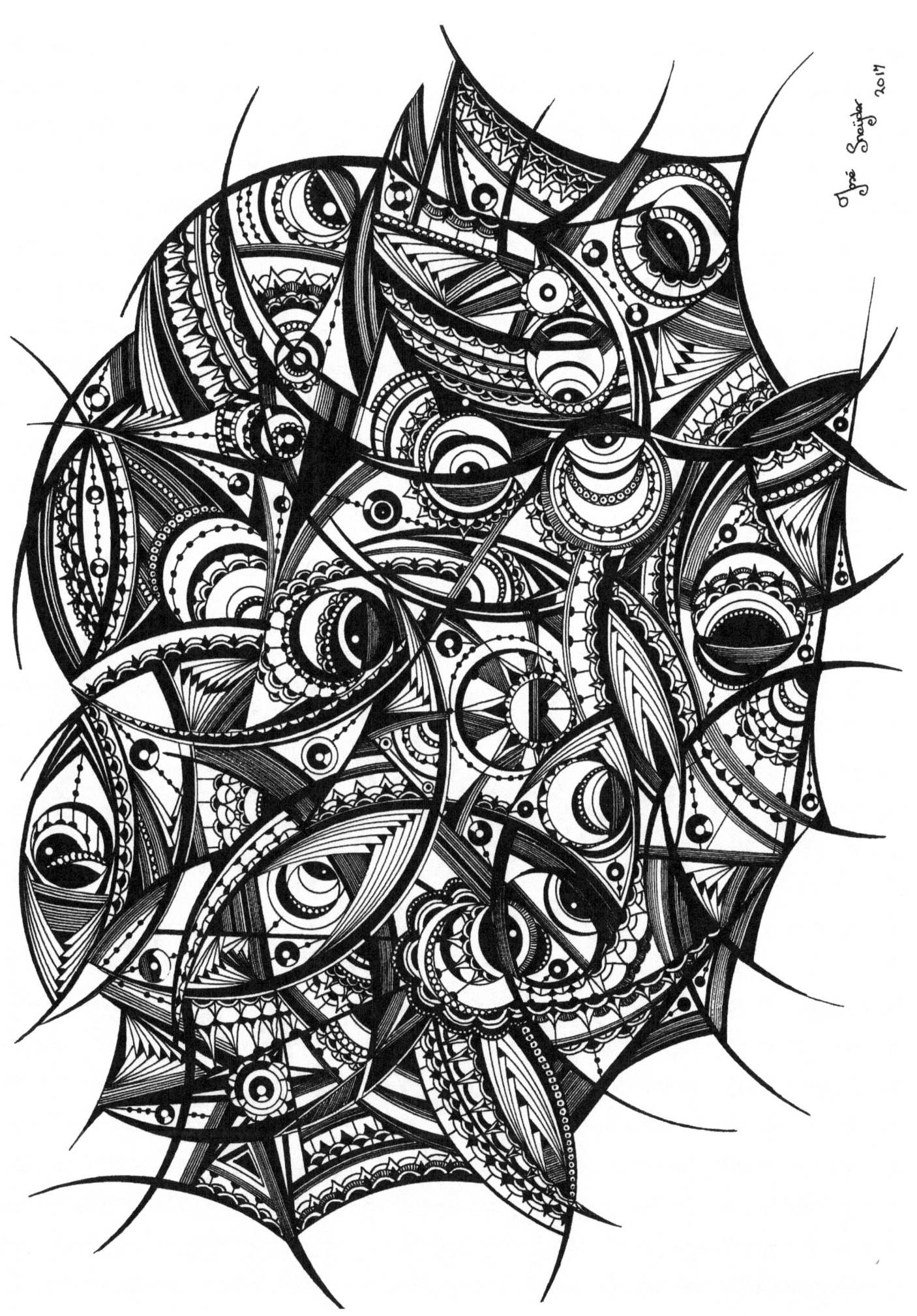

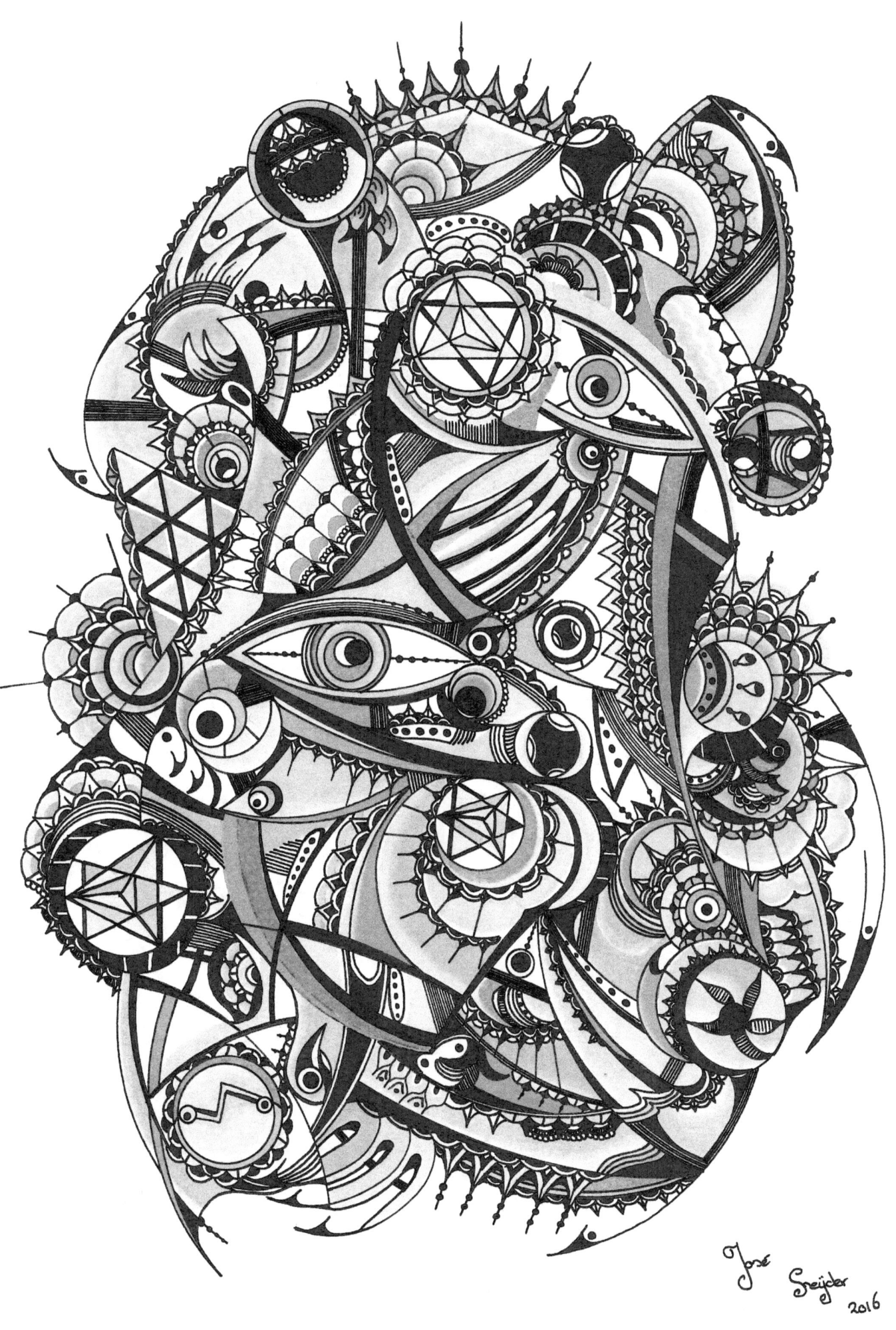

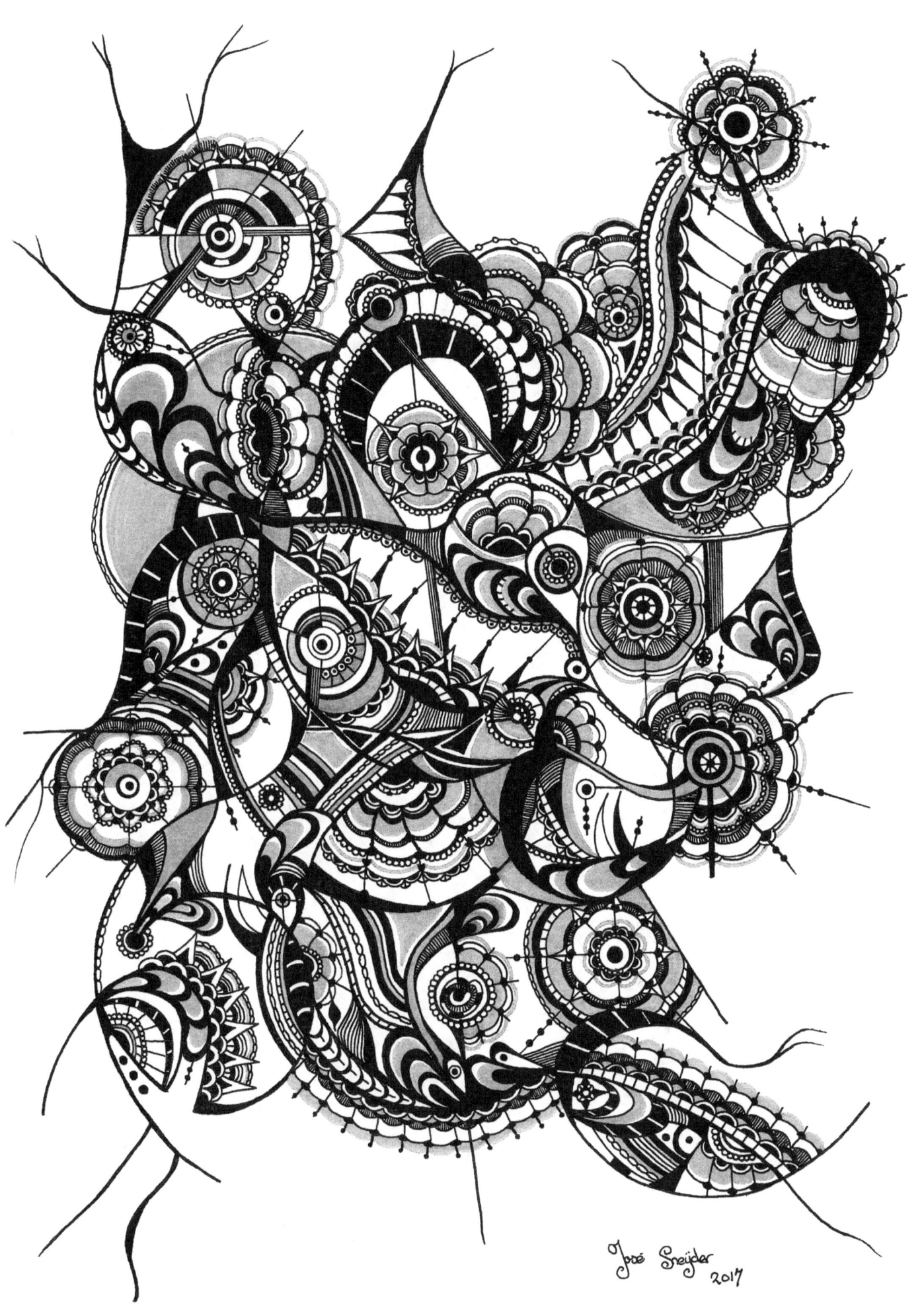

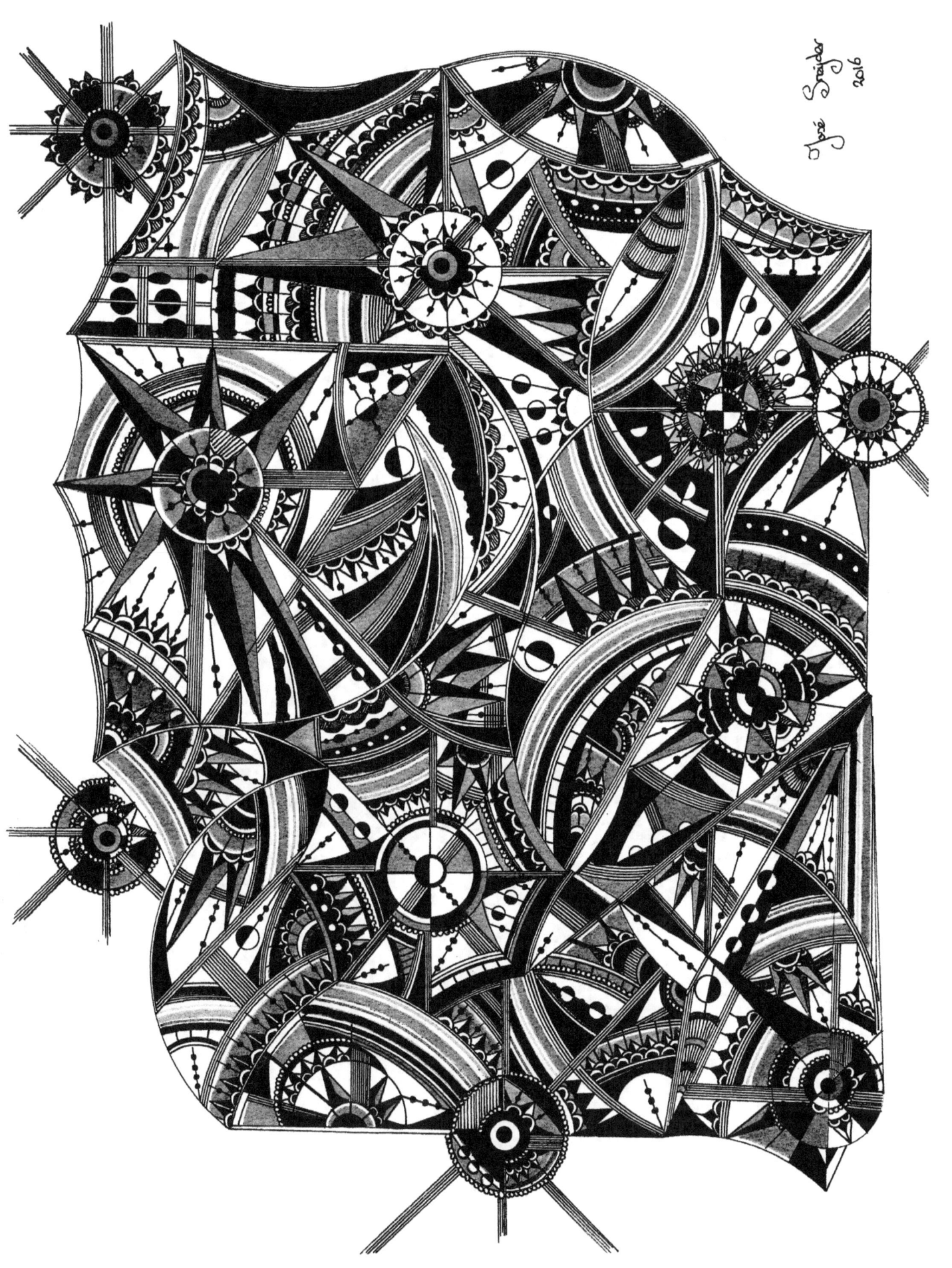

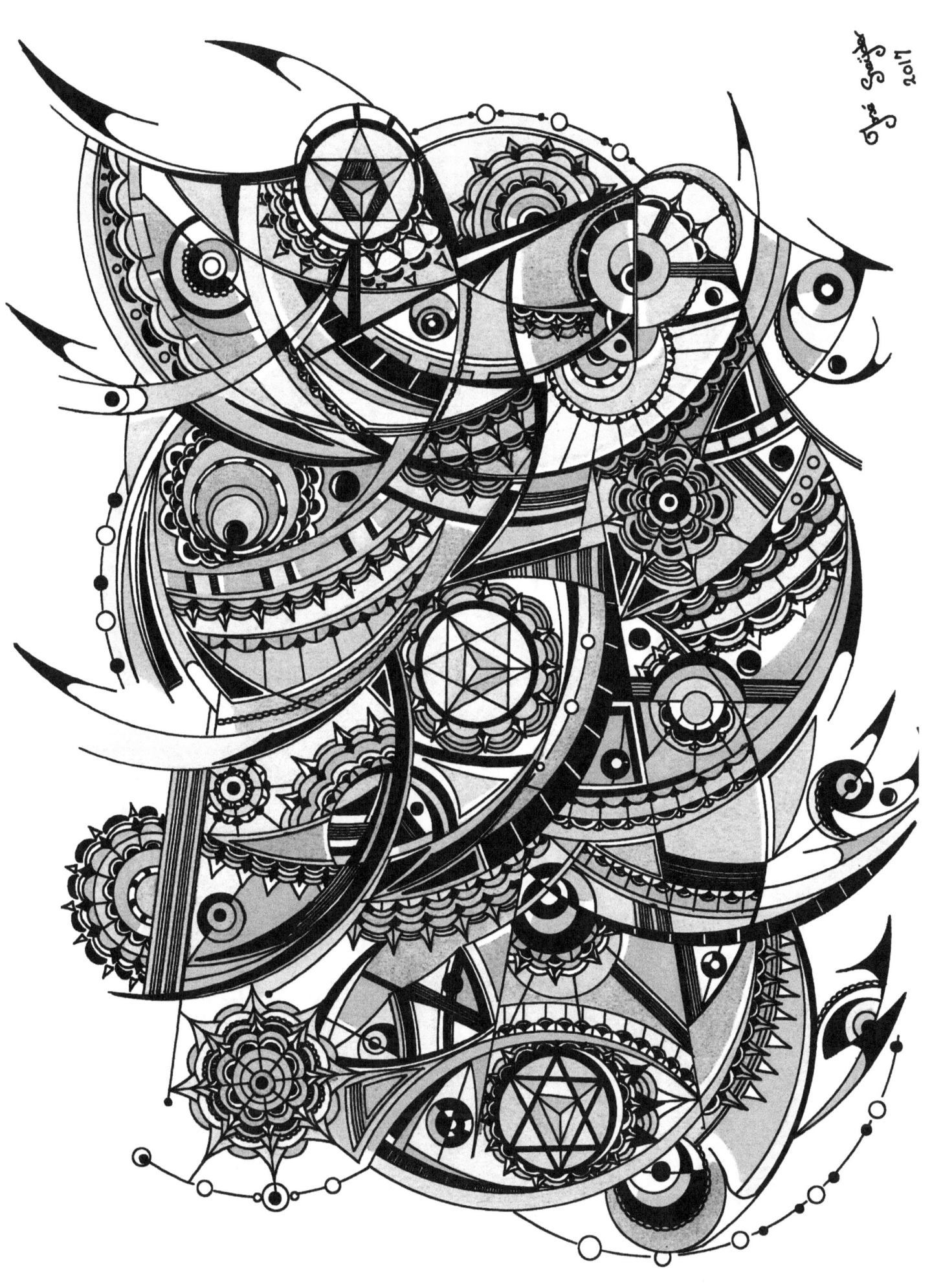

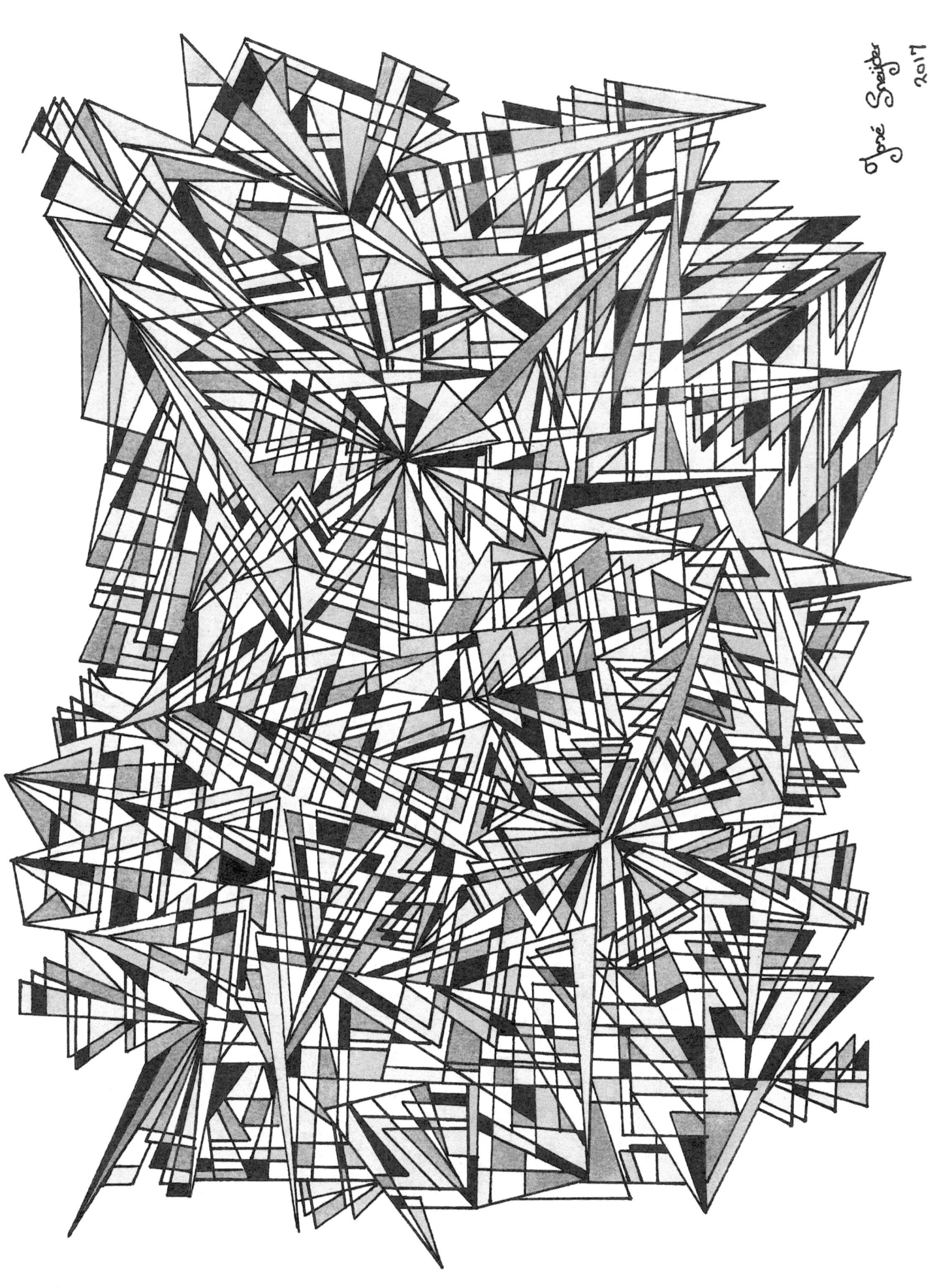

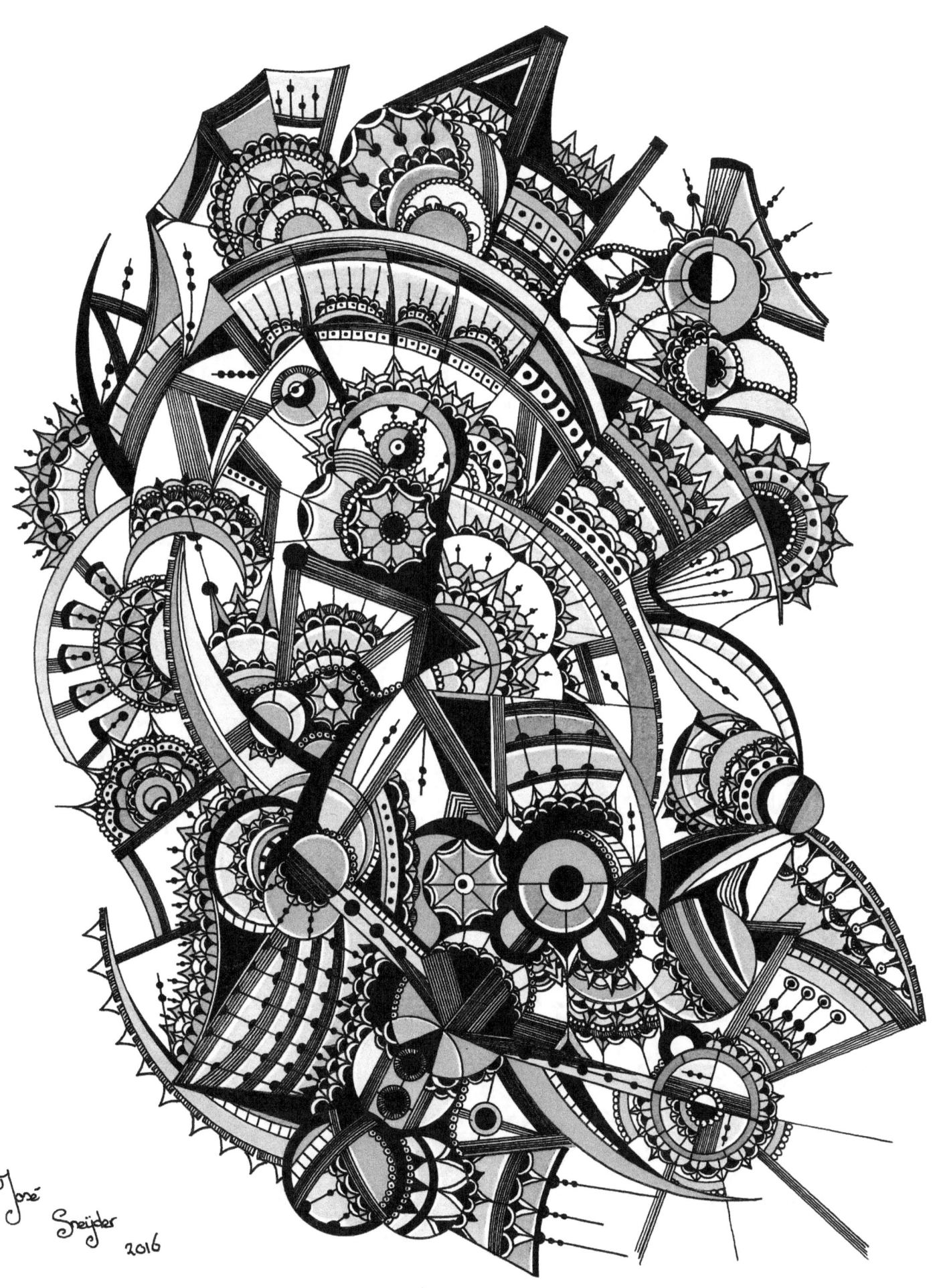

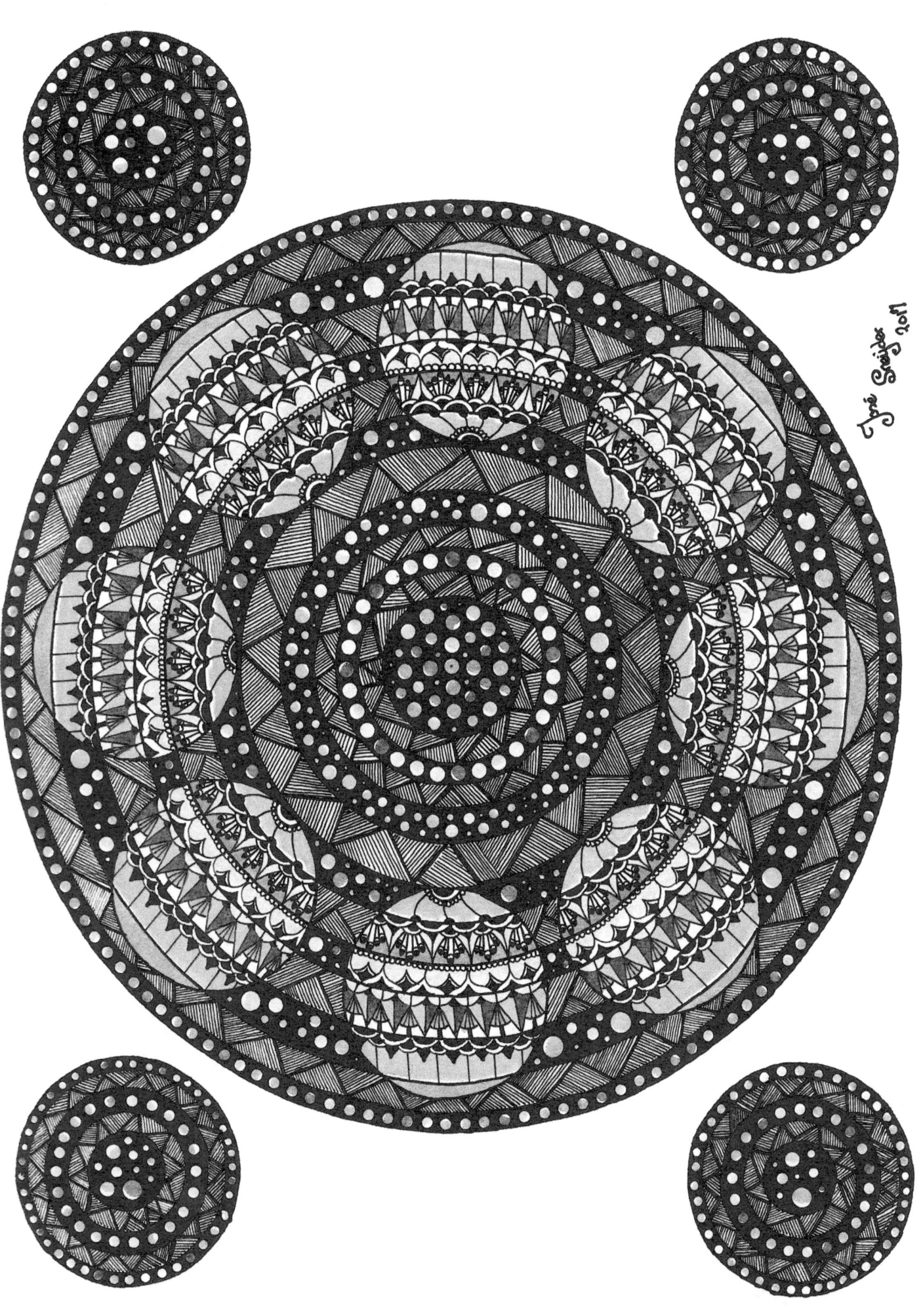

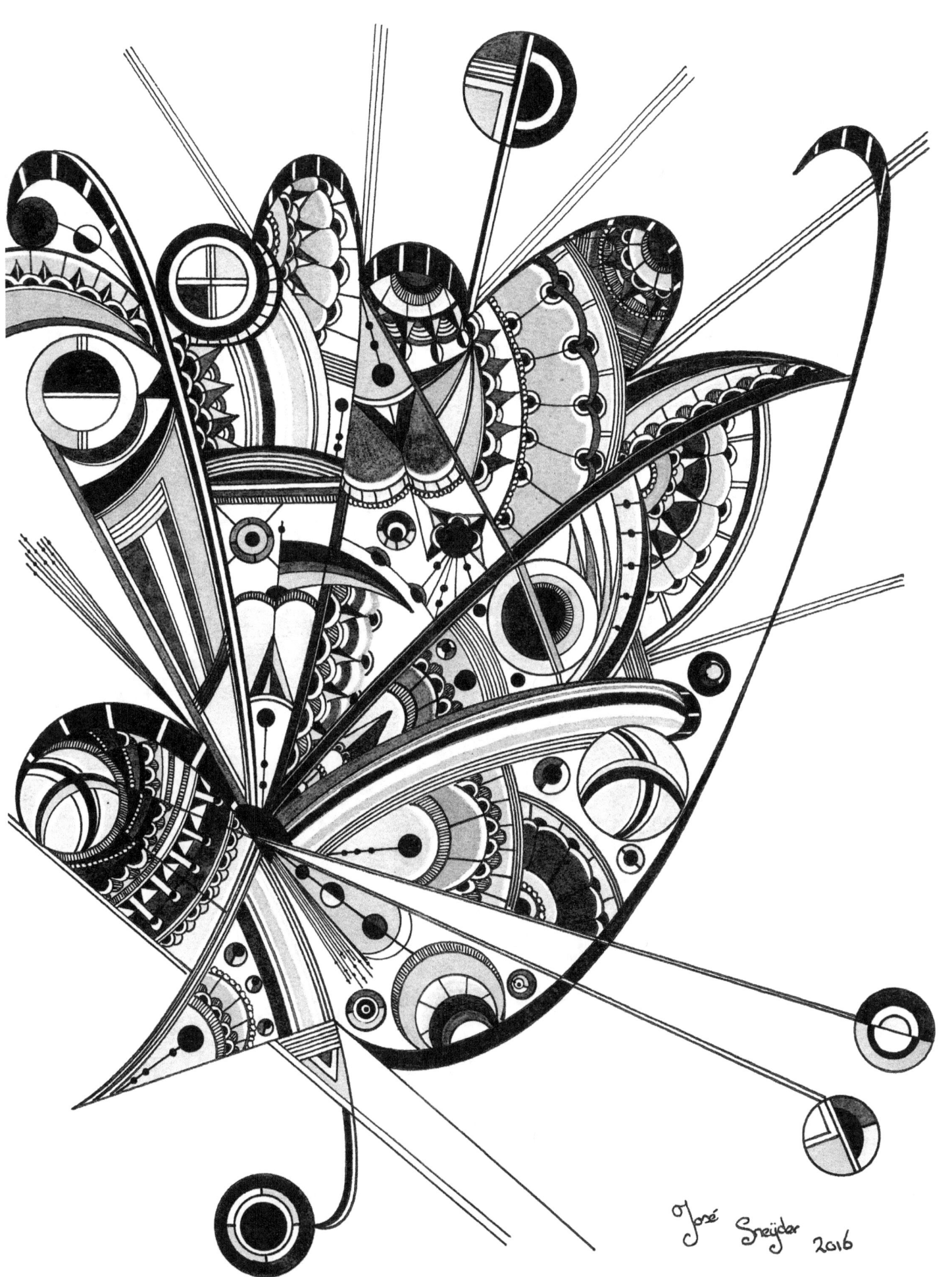

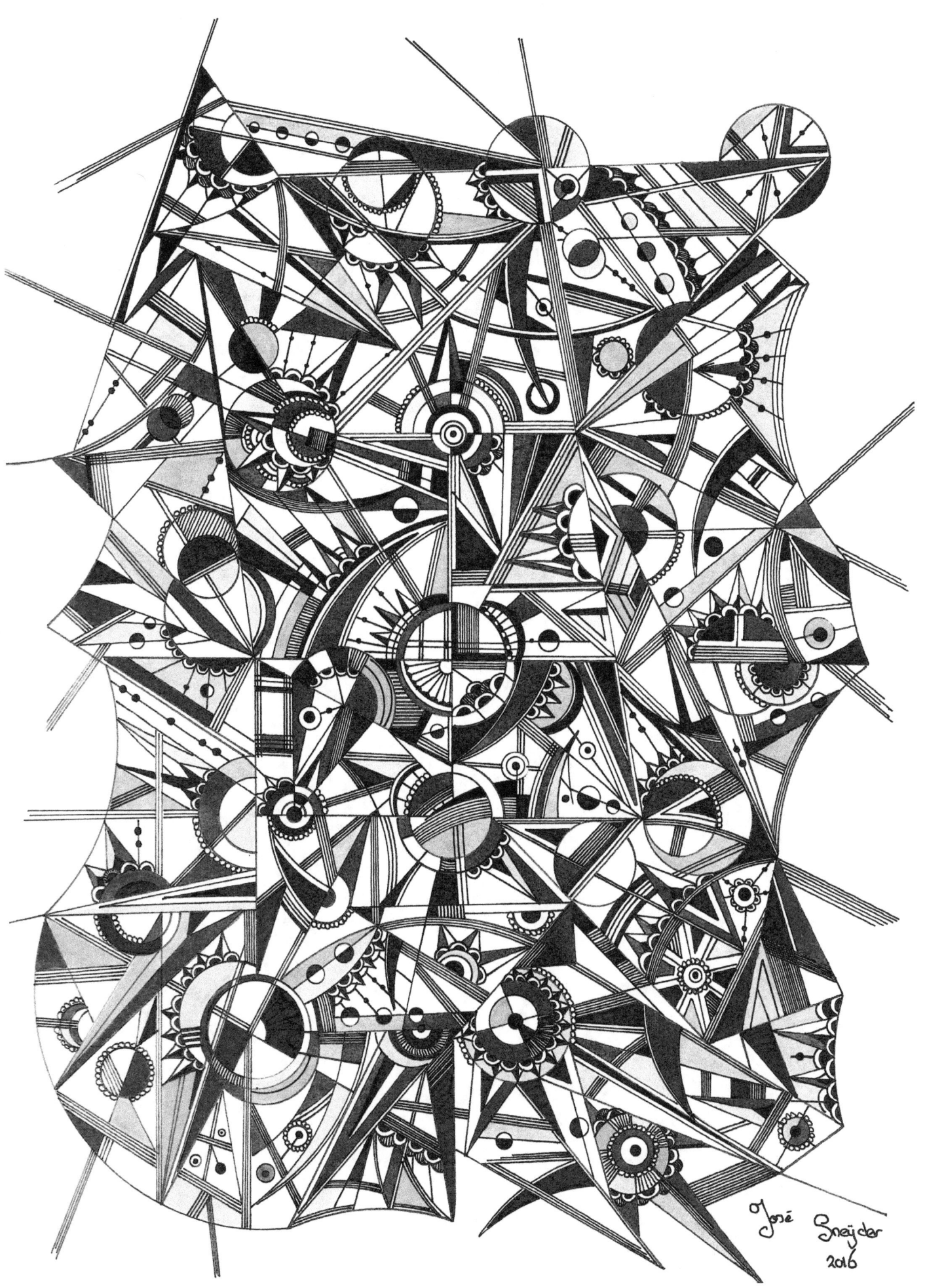

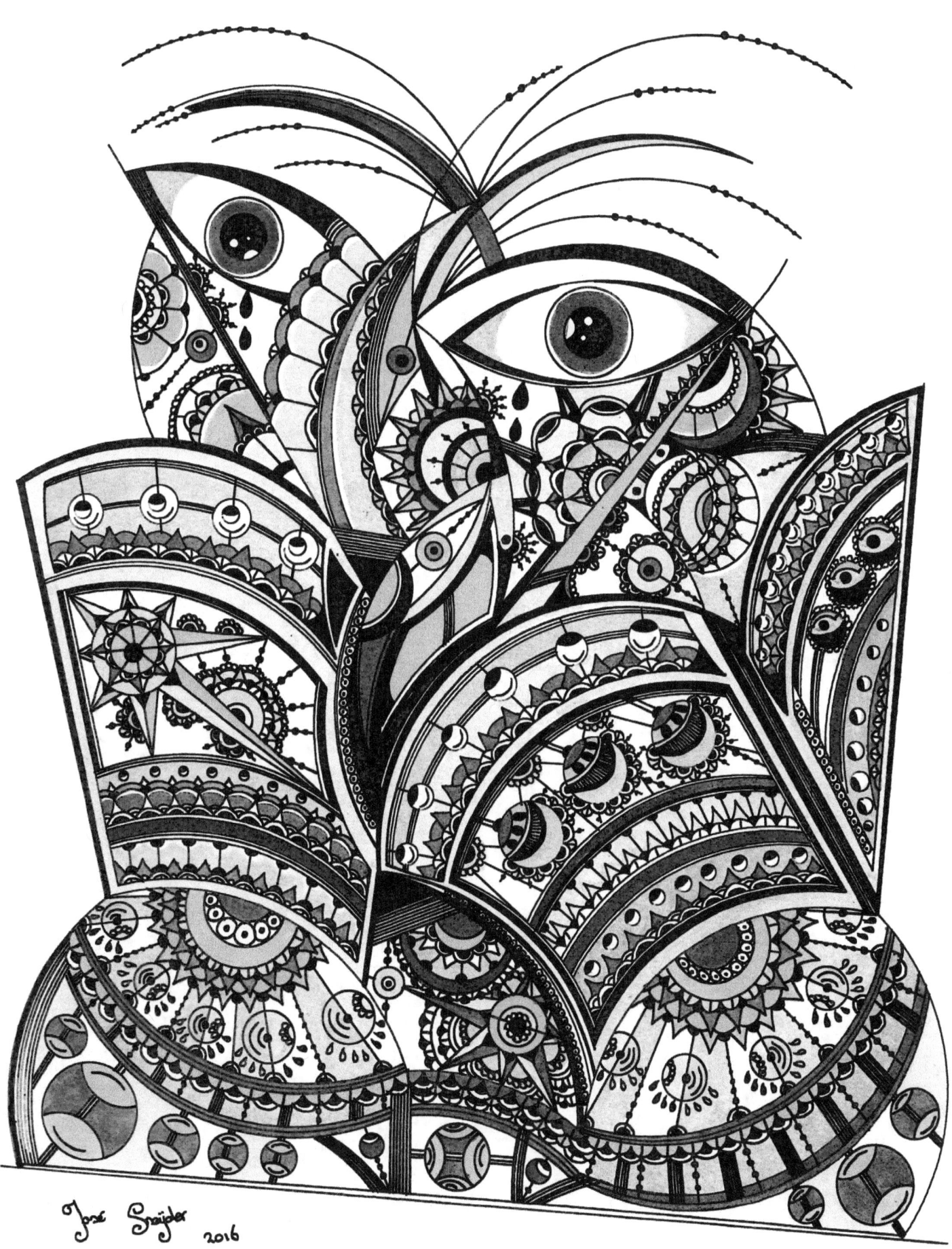

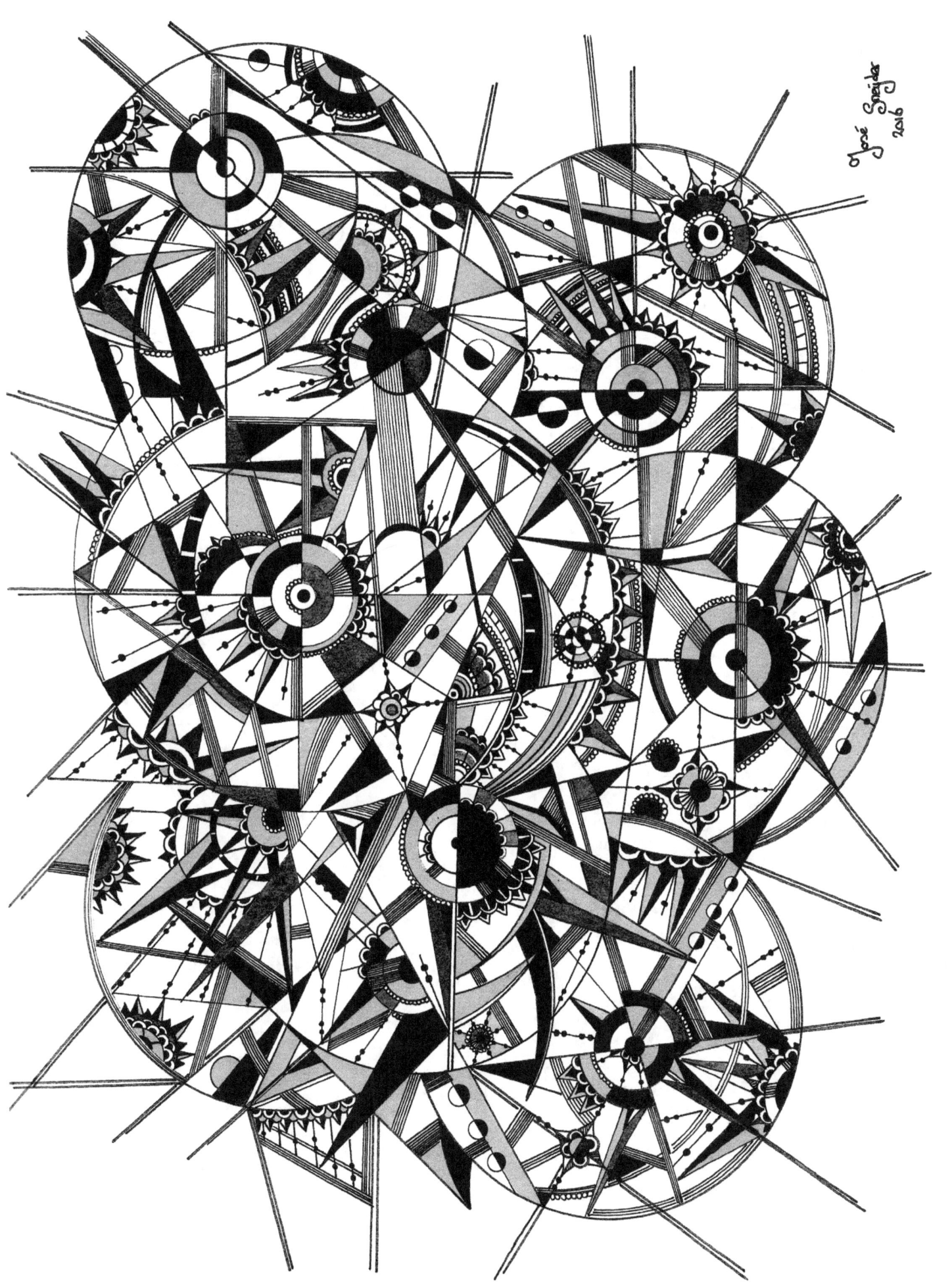

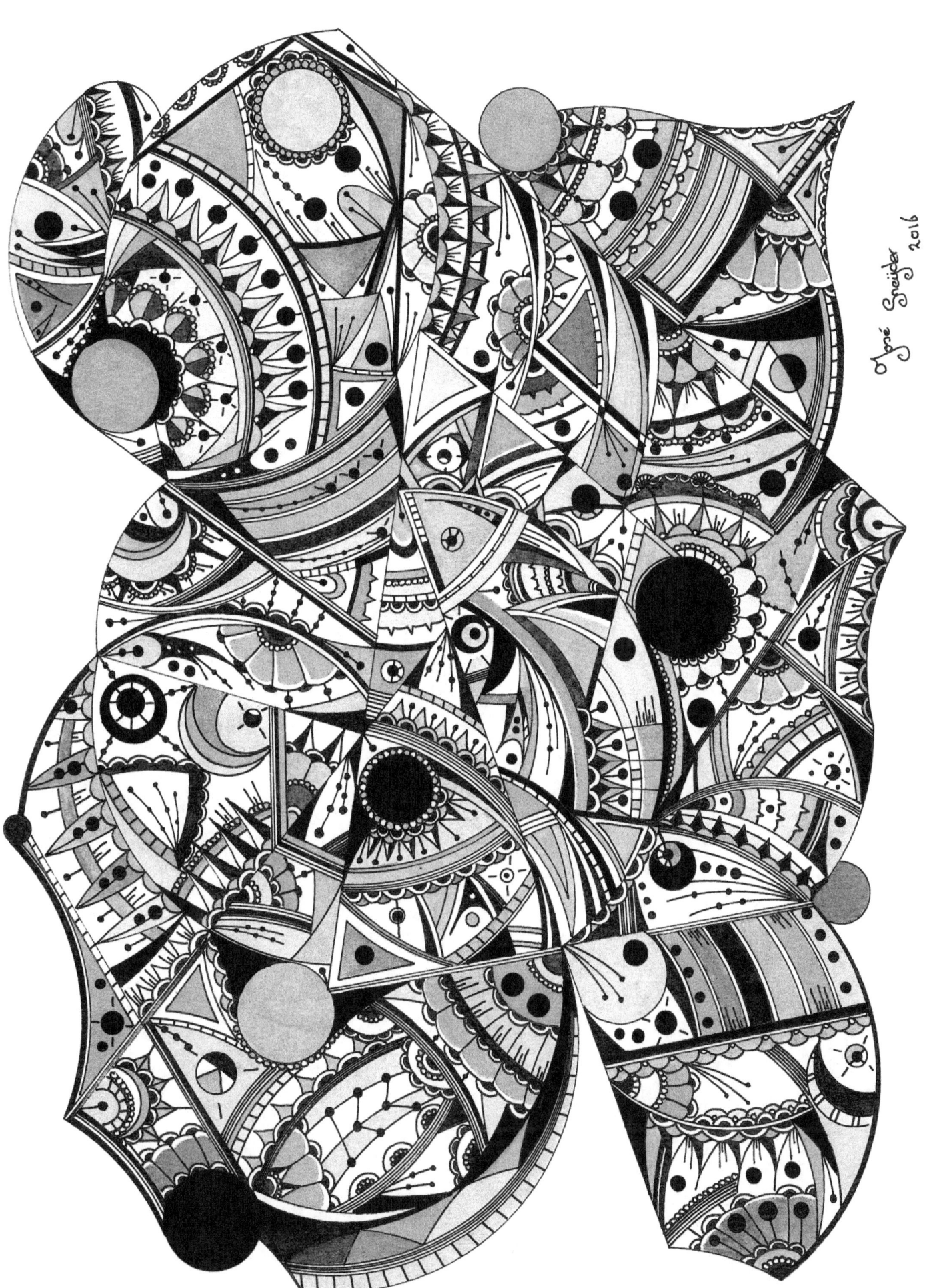

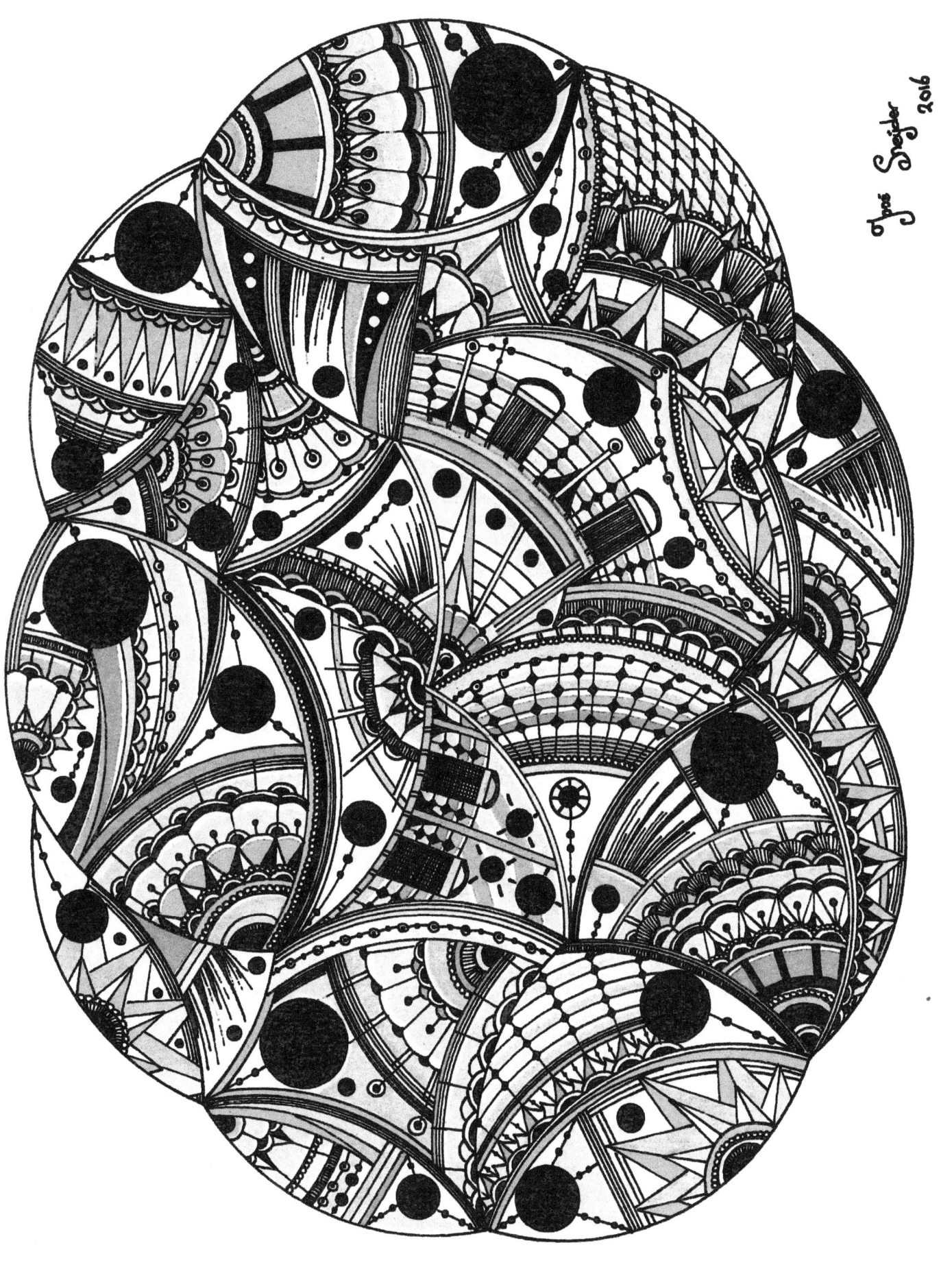

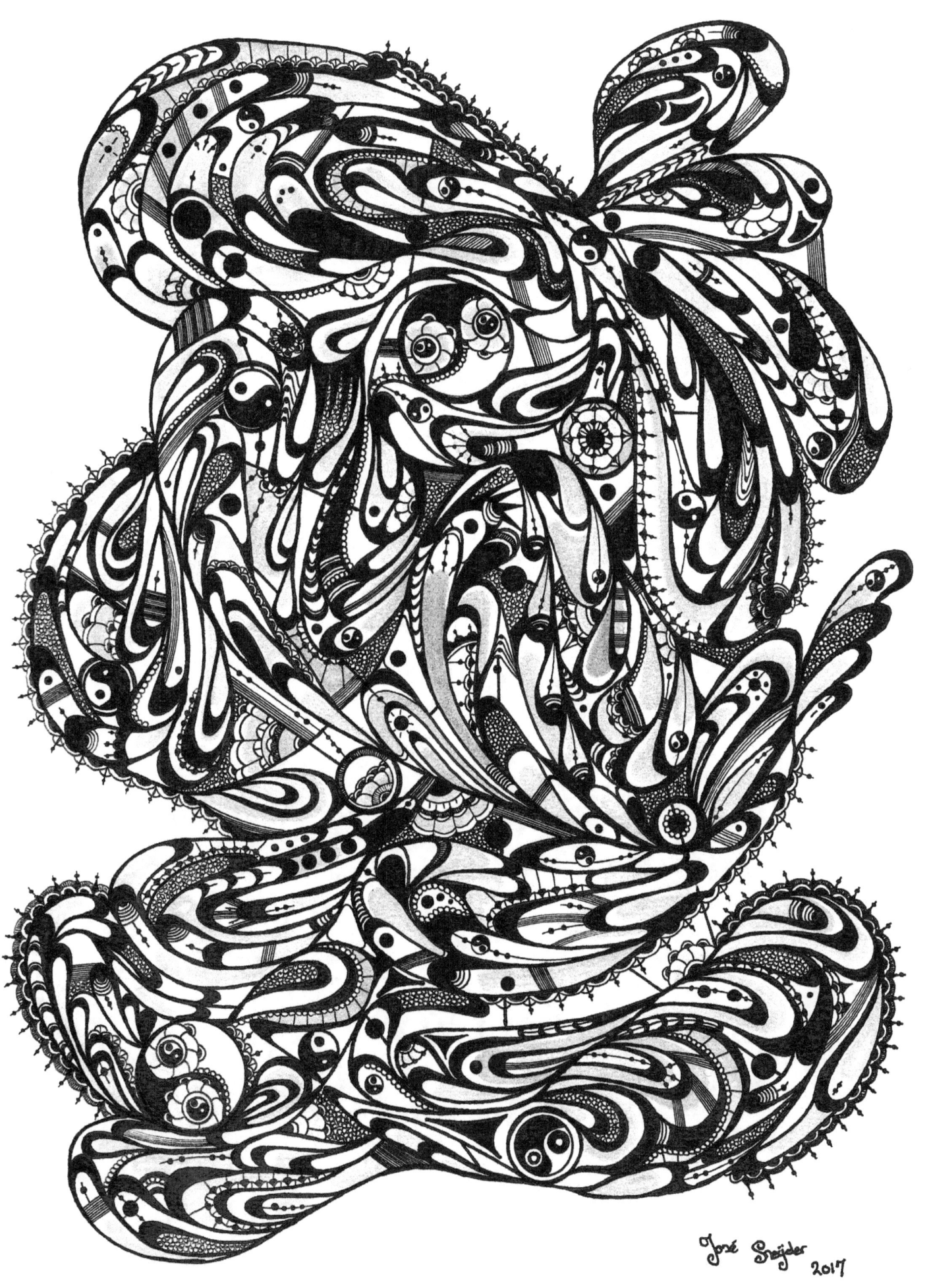

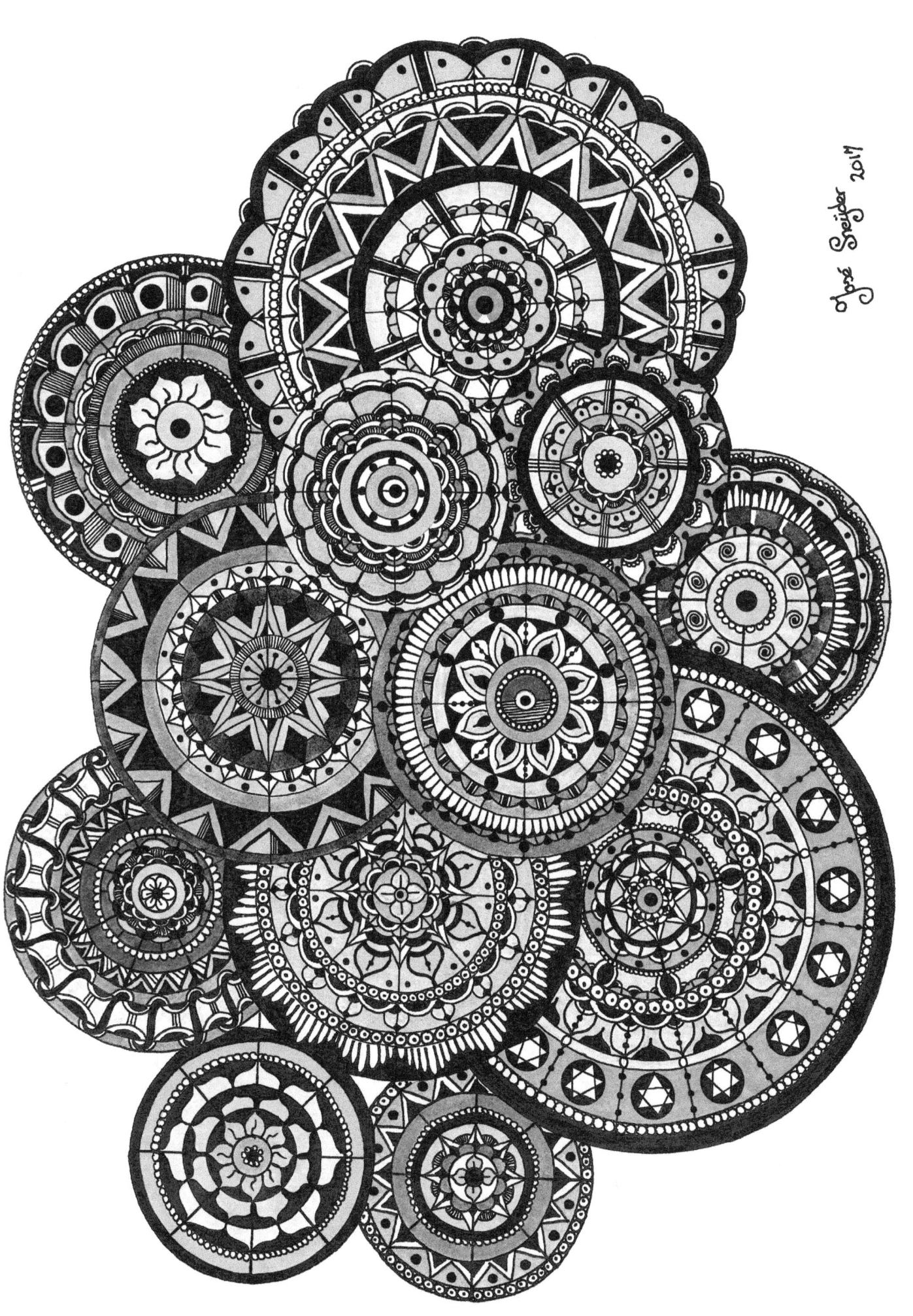

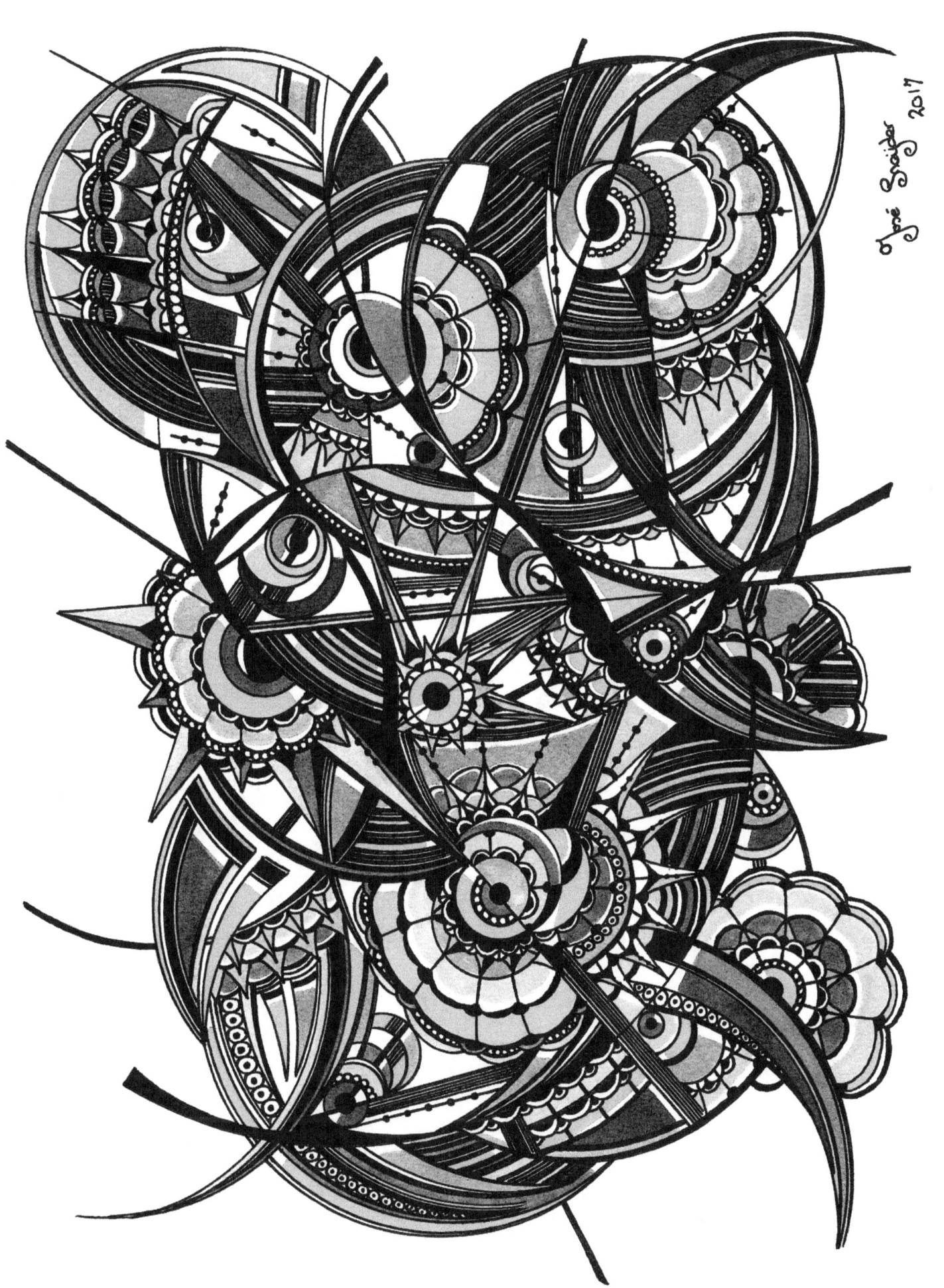

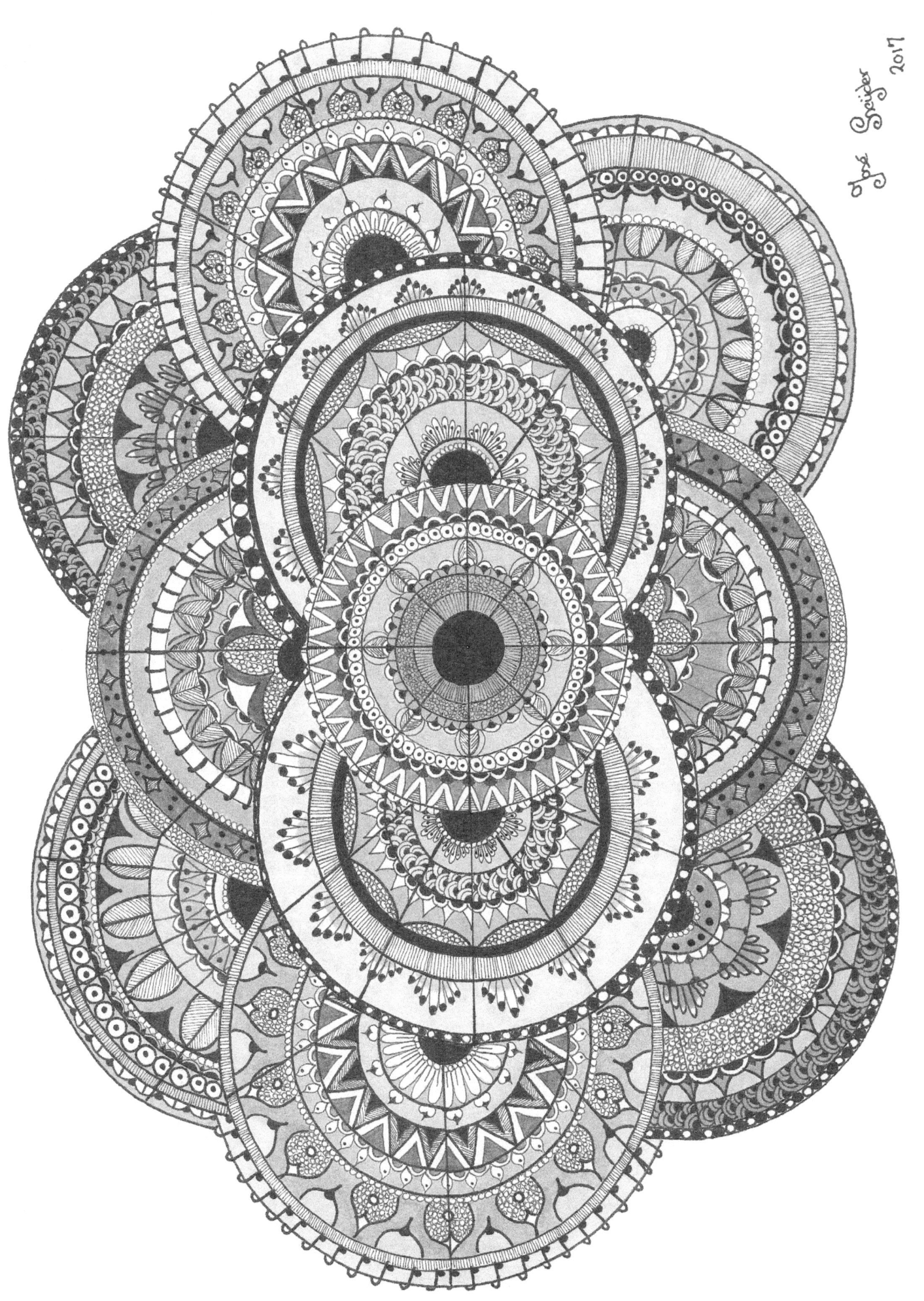

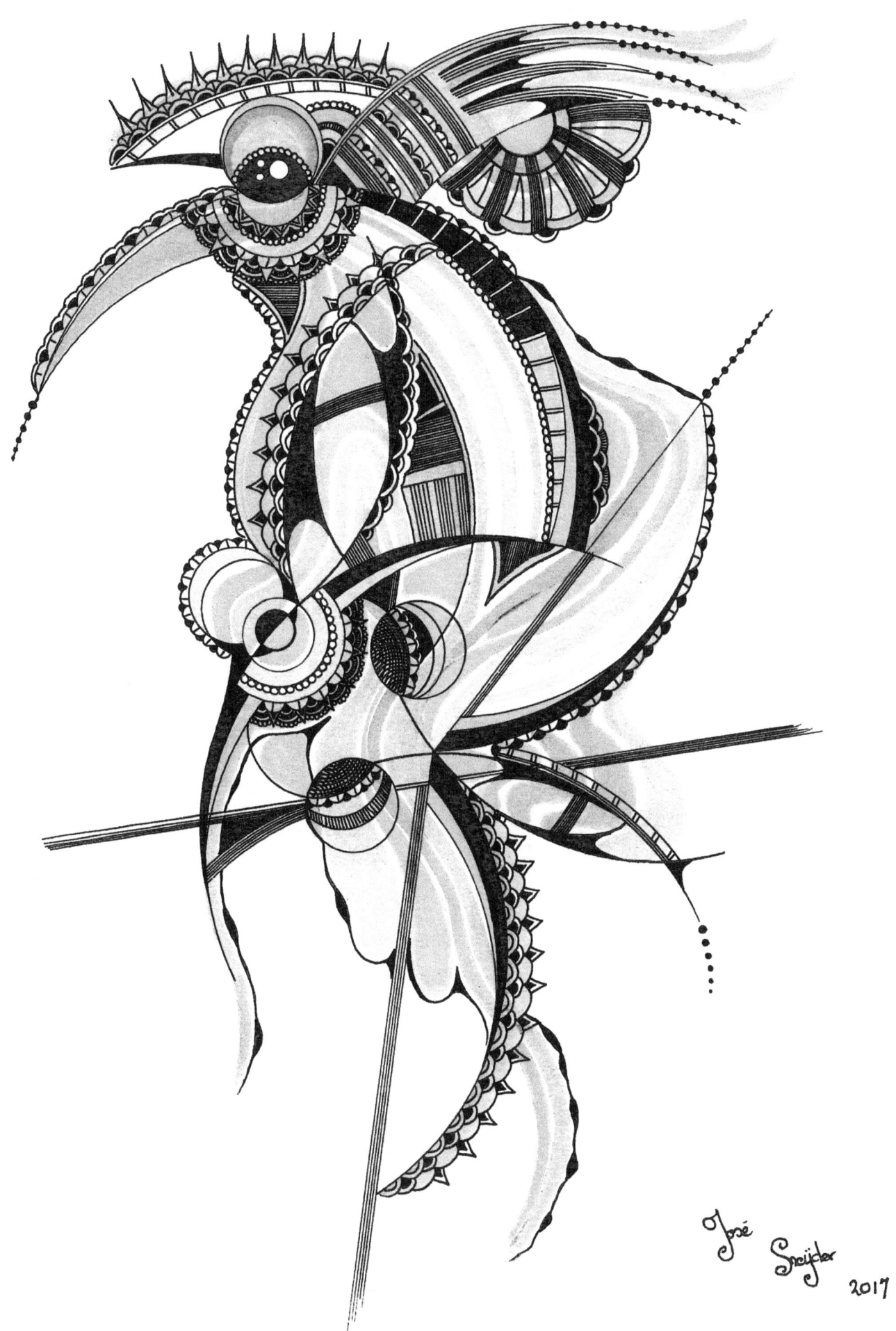

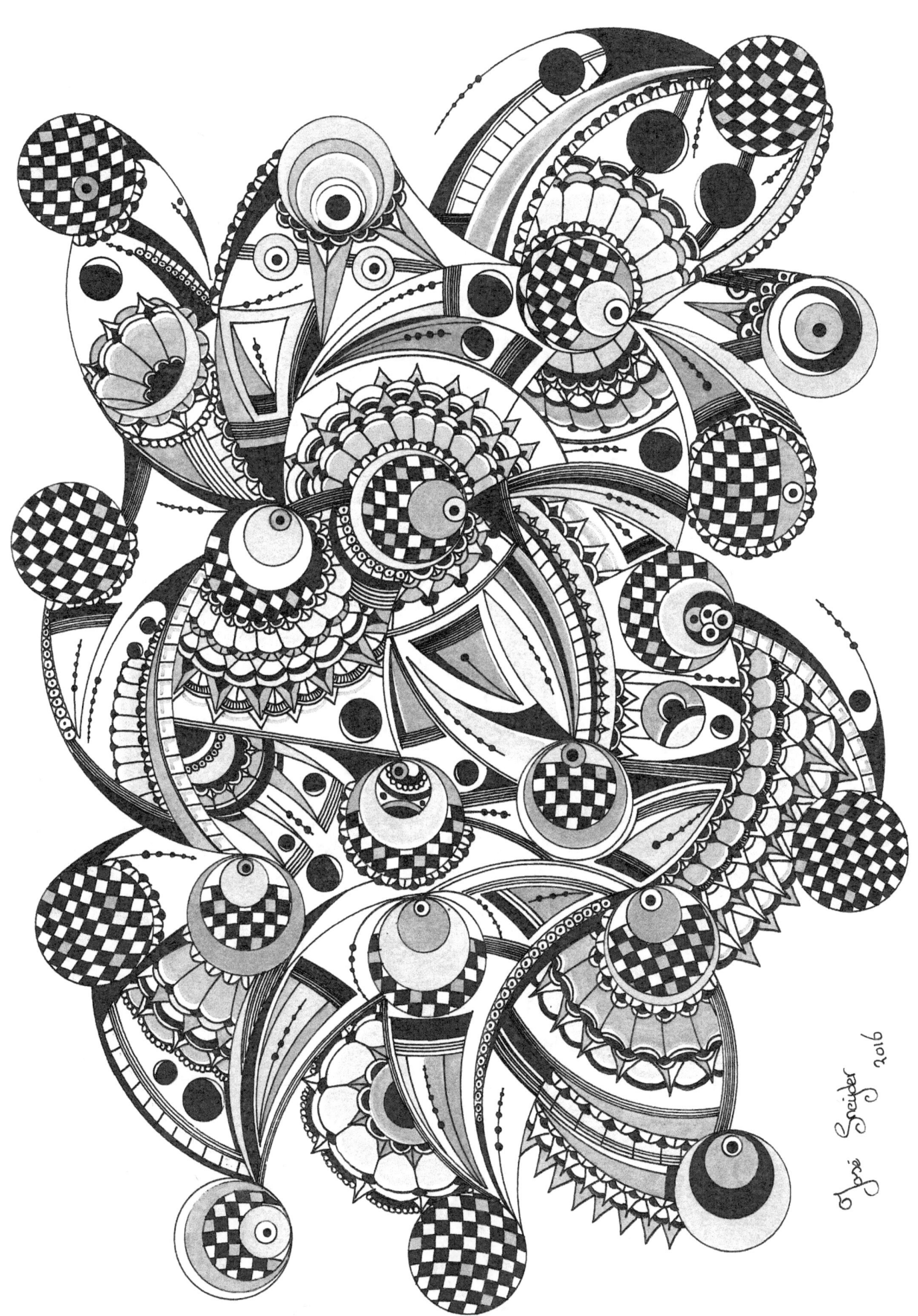

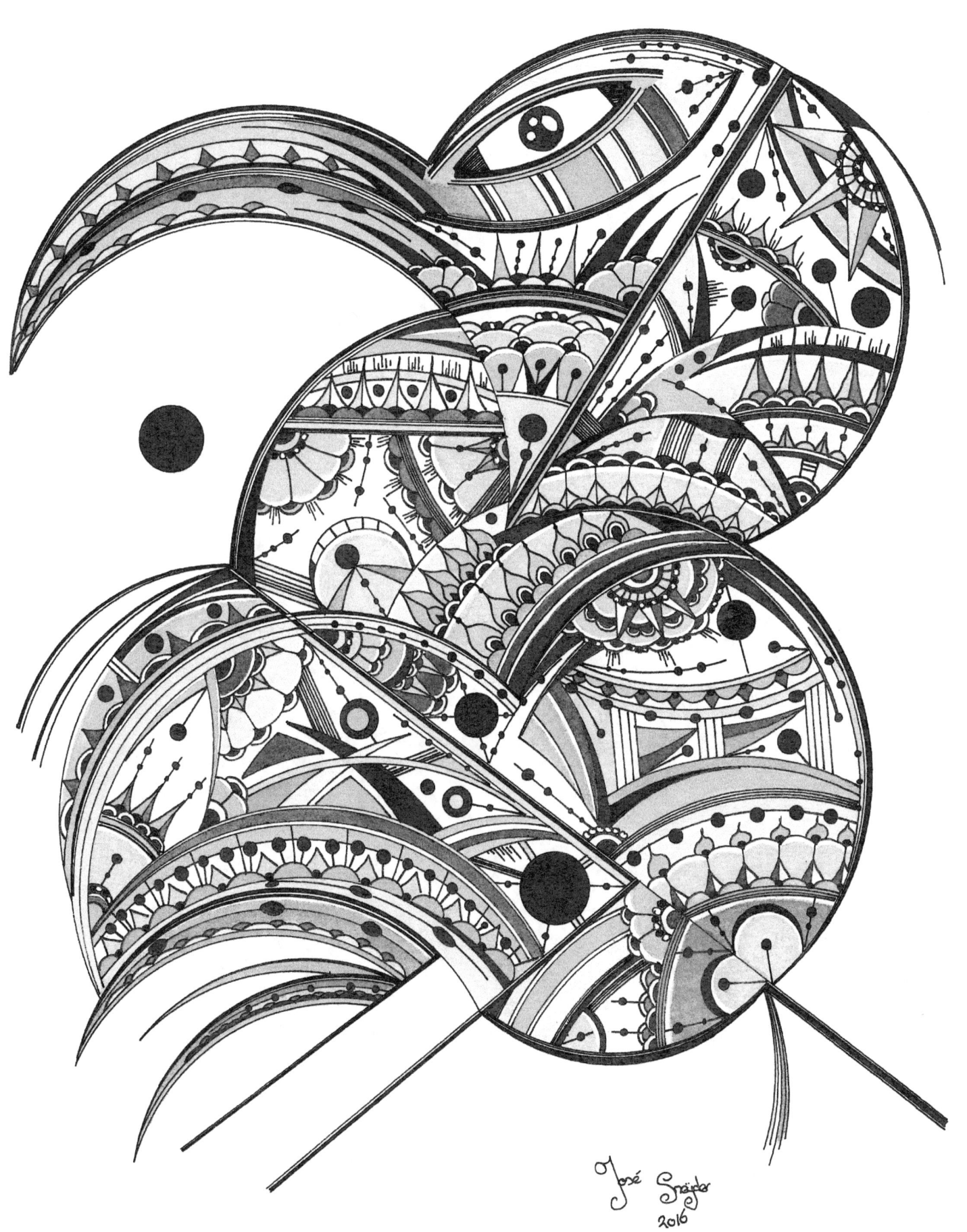

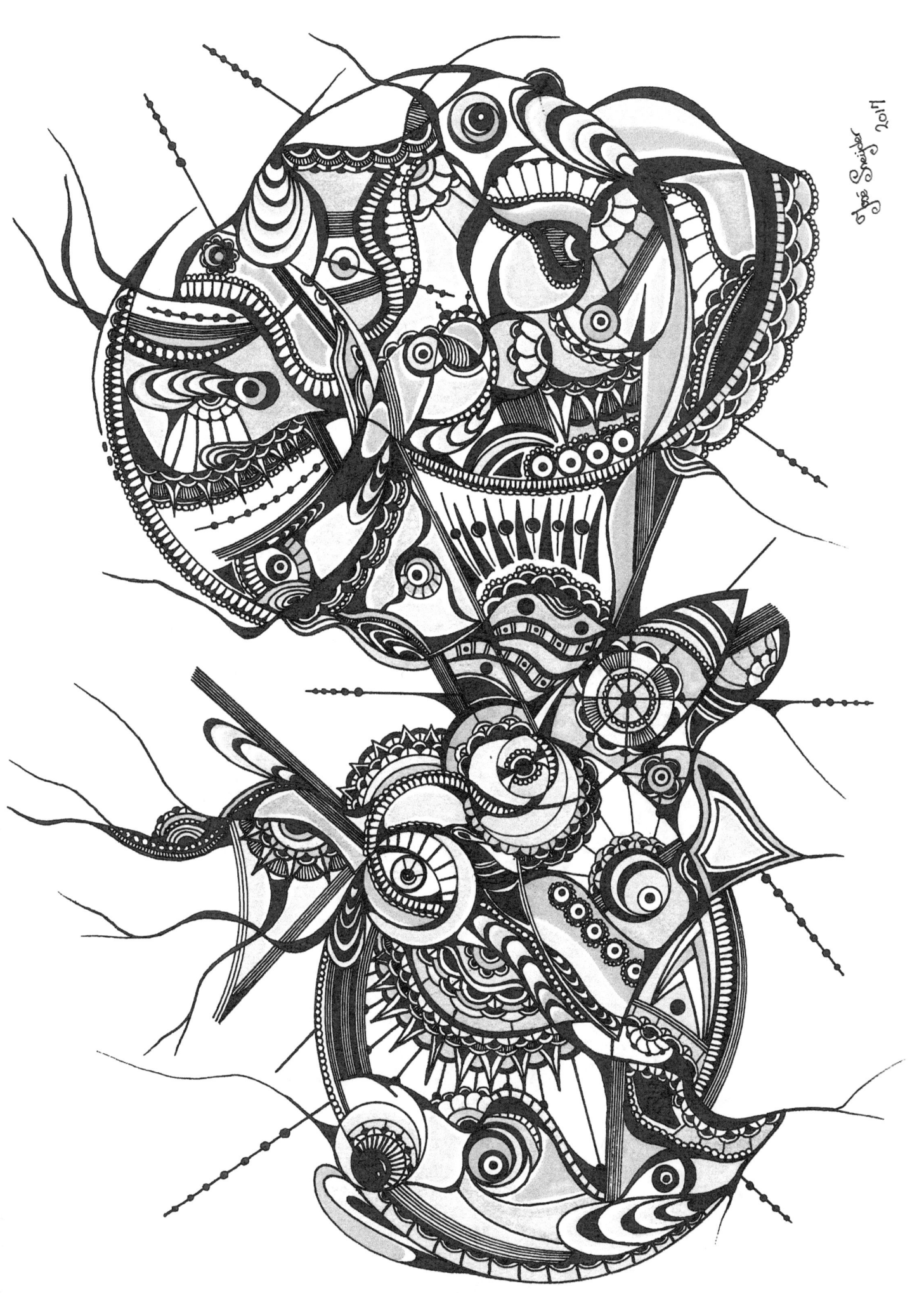

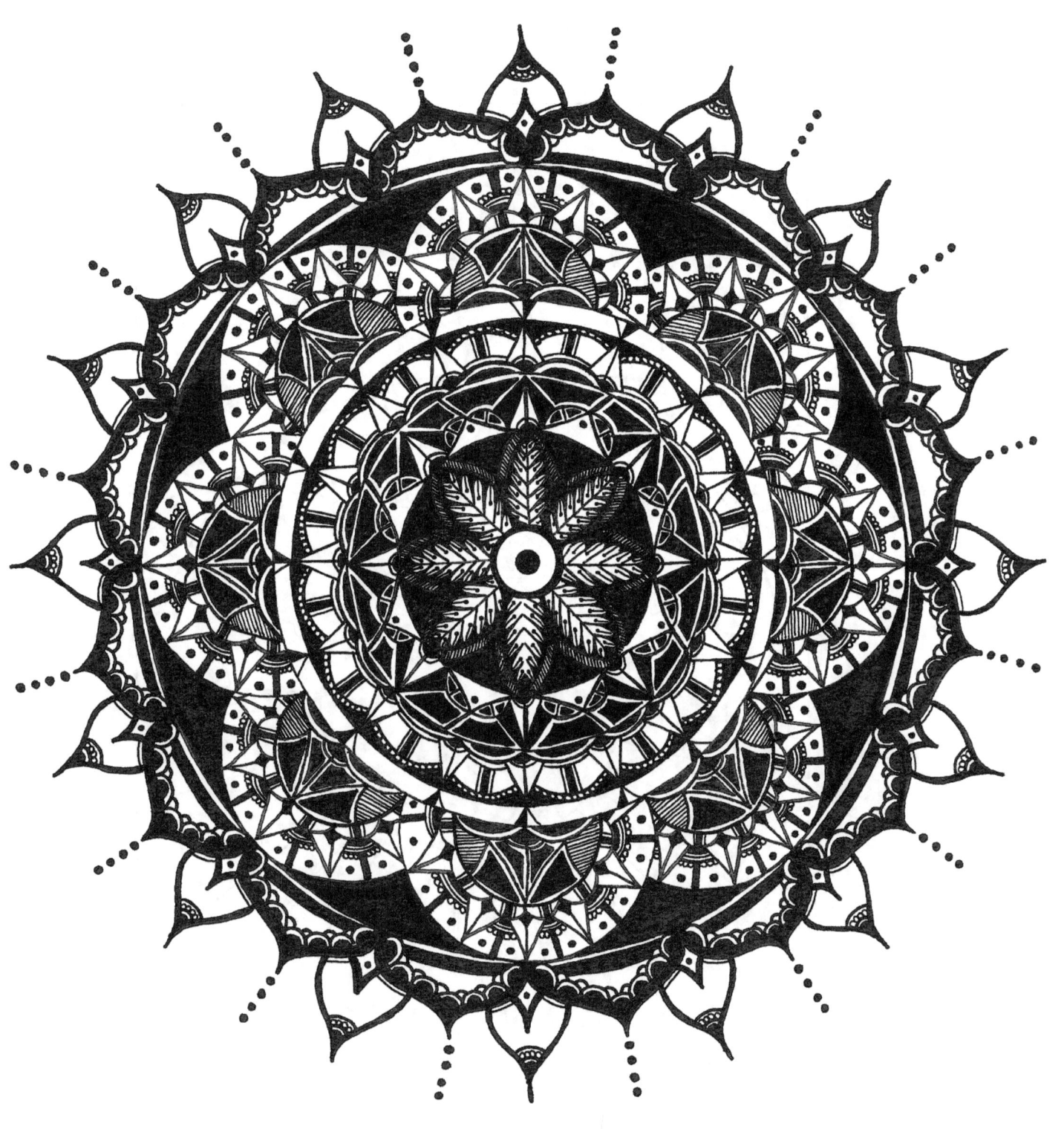

Test your colors here on the samples from
"My Pocket Coloring Companion"
&
"My Coloring Companion"

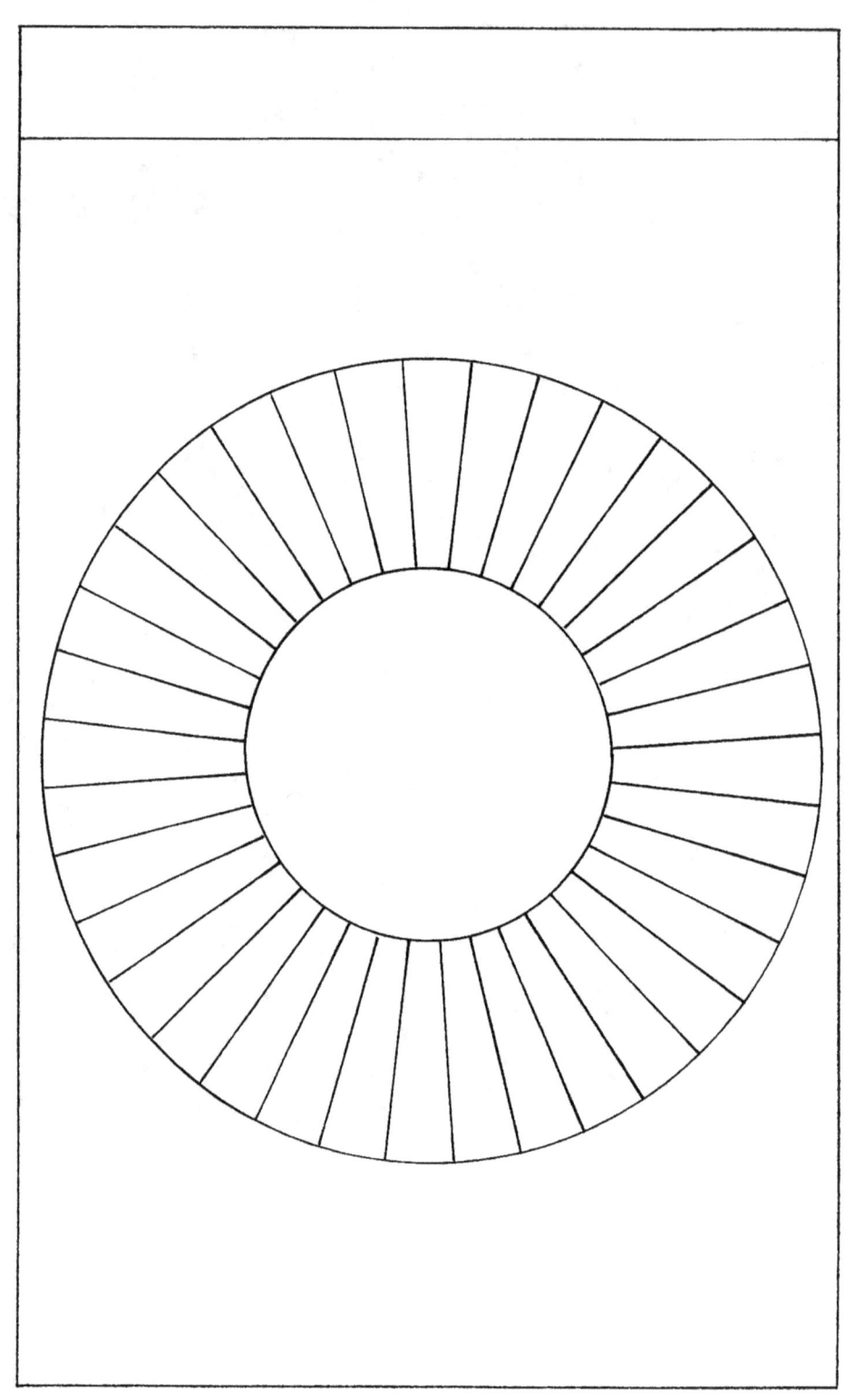

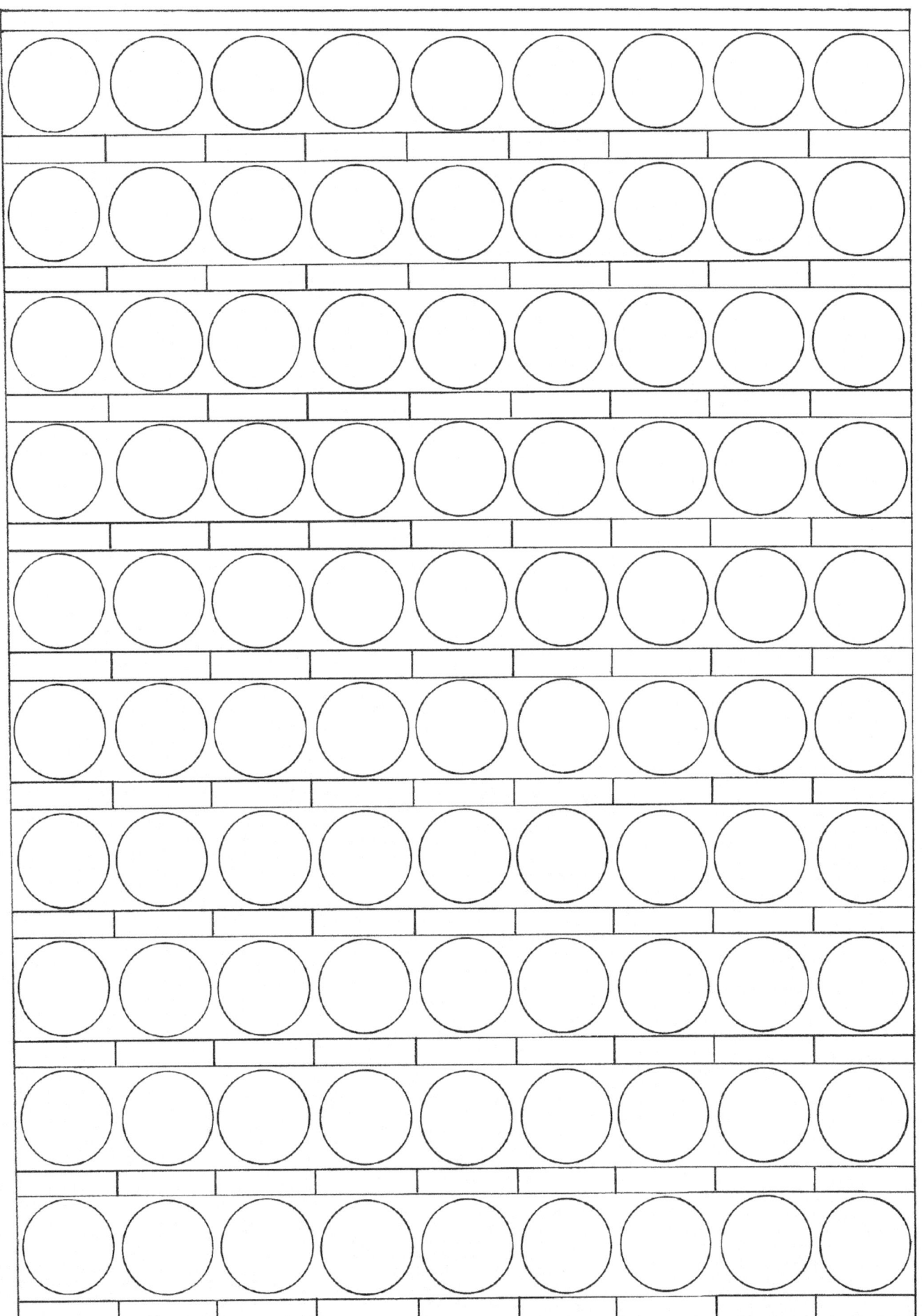

www.ingramcontent.com/pod-product-compliance
Lightning Source LLC
Chambersburg PA
CBHW062357220526
45472CB00008B/1843